KB253891

도전하는 자, 언제나 청춘이다!

- 인생의 파도를 즐기는 99가지 지혜 -

폴 임 지음

신교횃불

도전하는 자, 언제나 청춘이다!
– 인생의 파도를 즐기는 99가지 지혜 –

2012년 9월 20일 초판 1쇄 발행
지은이 • 폴 임
발행처 • 도서출판 선교햇불
등록일 • 1999년 9월 21일 제54호
등록주소 • 서울시 송파구 삼전동 103번지
전　화 • (02) 2203-2739
팩　스 • (02) 2203-2738
이메일 • ccm2you@gmail.com
홈페이지 • www.ccm2u.com

ⓒ도서출판 햇불

• 파본은 교환해 드립니다.
• 이 출판물은 저작권법에 의해 보호를 받는 저작물이므로 무단전재와 무단복제를 금합니다.

도전하는 자, 언제나 청춘이다!

– 인생의 파도를 즐기는 99가지 지혜 –

폴 임 지음

도전하는 자, 언제나 청춘이다!

– 인생의 파도를 즐기는 99가지 지혜 –

인생이란 파도를 타는 젊은 서퍼와 같다

젊은이들은 넘쳐흐를 듯한 상상력과 풍요로운 꿈으로 꽉 차 있는 듯 하지만 왠지 고독하다. 그래서 방황한다. 치료될 것 같지 않은 아픔과 그로 인한 고통 속에서 절망한다.

우리의 기분이란 원래 그런 것이다. 그러나 그런 기분들은 영원한 것이 아니라 일시적이라는 것이 희망이다. 우리가 잠시 우울한 분위기에 빠지는 것은 극히 자연스럽고 정상적이다.

피곤해서 지쳐있을 때는 누구나 핀으로 찔린 자국도. 칼에 찔린 자국이 된다. 두더지가 쌓아올린 흙더미가 산처럼 보이기도 한다.

그러나 우리는 어두움의 터널을 지나갈 때, 거기에는 입구뿐만이 아니라 출구 또한 있다는 것과, 곧 빛의 세계로 나오게 된다는 사실을 종종 잊는다. 어두움이 짙게 깔리면 새벽이 곧 온다는 사실을 잊고 두려워한다.

인간은 많은 충격에도 저항할 수 있고, 많은 눈물을 흘릴 줄도 알고, 숱한 비극적인 사건이나 전쟁에도 견디며 살아가는 강인한 존재이다. 인간은 소음이나, 고통이나, 질투 같은 투명하지 않은 것들을 이겨냈고, 오히려 그것들 때문에 위대한 일들을 해 낼 수 있었다.

사회 각 분야에 걸쳐 우리의 상상을 뛰어넘는 변화의 물결 때문에, 우리 자신이 변하지 않으면 경쟁사회 구조 속에서 이길 수 없게 된다. 말하는 습성이 바뀌고, 글을 쓸 때 단어의 선정이 바뀌며, 사람을 사귀는 방법이 바뀌고 있다. 대통령을 선택하는 기본이 바뀌고 있다.

젊은이들은 친구가 없어서 고독한 것이 아니고 더 좋은 친구를 찾기 때문에 고독하다. 젊은이들이 방황하는 것은 절대적인 진리를 찾기 때문이다. 젊은이들은 책이 없어서 책을 안 읽는 것이 아니고 책의 홍수 속에서 책다운 책을 찾기 때문에 책의 빈곤을 느낀다.

수레바퀴와 같이 역사 속을 거슬러 올라가는 젊은이들이 되어 잔인하게 끓어오르는 거품이 되지 말라.

존 러스킨은 이렇게 말했다.

"거품은 잔인하지 않다. 살아 있는 창조물의 이같은 특성을 그렇게 간주하는 마음의 상태는 이성이 슬픔으로 혼란된 상태에 있기 때문이다."

이 책은 손 가는대로 아무 곳이나 펼쳐도 일상에 관련된 가치 있는 삶의 지혜가 그물처럼 펼쳐져 있어 언제든지 싱싱한 물고기들을 잡아 올릴 수 있다고 믿는다.

이 책과의 만남은 우리 인생의 새로운 출발을 의미한다. 이 책을 곁에 두고 있으면 삶의 가치관이 변할 것이고, 어느 장소에서 누구를 만나든지 당신은 가장 인기 있는 대화의 주인공이 될 것이다. 다른 사람들을 정신적으로 성장시키므로 자신도 상호적으로 성장할 것이다.

이 책은 20대 그리고 30대 젊은 층을 위해서만 씌어지지 않았고, 그렇다고 40대 50대 그리고 60대, 중장년층을 위해서만 씌어지지도 않았다.

이 책은 인생이란 거센 파도를 타는 모든 사람들을 위해서 씌어졌다. 이 책에는 어떠한 문학적 철학적 날카로운 비평으로도 완전히 분석할 수 없는 오늘을 사는 지혜가 숨어 있다.

이 책을 집필하는 어려운 과정에서 많은 도움을 주신 분들이 있다. 캘리포니아 나침반교회의 민경엽 목사, 전 이화여자 대학교의 조찬선 교수, 조직신학 교수인 웨인 그루뎀 박사, 한국 대한신학교의 학장이신 김향주 박사, 김상의 박사와 김준자 교수, 친구인 이영일(사업가), 조중익(NASA 출신 과학자), 폴 송(사업가), 김선돈(언론인), 레이몬드 김 회장, 린다 설(디자이너), 권득주 총지배인, 아벨 김 목사, 조희진(약사) 등이 그분들이다.

독자 여러분.
무한한 금광이 묻혀있는 광산과도 같은 이 책 속에서 훌륭한 광부가 되고, 수많은 물고기들이 헤엄치는 황금어장 같은 이 책 속에서 훌륭한 어부가 될 생각은 없으십니까?
진심으로 독자 여러분의 행복을 기원합니다.

2012년
미국에서 폴 임

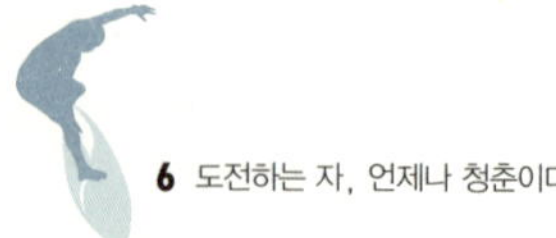

우리가 빛의 속도만큼 빨리 달릴 수 있다면
영원히 살수 있다는 꿈을 꾸었던 아인슈타인….
이들은 모두 무한대(Infinite)에 도전을 했던 젊은이들이었다.

■ 차례

제1장

인생이란 파도를 타는 서퍼

01 인간의 삶은 평편한 평원이 아니다
우리 인생에는 오아시스뿐만이 아니라 사막도 있다

나는 어느 날, 로스앤젤레스에 있는 어느 카페에서 유능한 정신과 의사인 수잔 리 박사를 만나, 인간의 본성에 관한 그녀의 견해를 들을 기회가 있었다.

"나는 인간이란 존재를 믿고 있어요. 내가 그들을 분석할수록 그들이 얼마나 많은 잠재력을 가진 훌륭한 창조물인지 알게 돼요."

"인생에는 불유쾌한 것들이 너무 많은 소음을 만들어내기 때문에, 선이 침묵하는 작용을 잊곤 하죠. 악은 공격적이고 격렬하지만, 선은 조용하고 겉으로 잘 나타나지 않아요. 중력의 법칙과도 같은 이것은 영속적이고 겉으로 잘 나타나지 않아요."

일반적으로 비행 청소년을 대상으로 한 교회의 목사들의 설교와 훈계는 아무런 결실을 맺지 못하고 있다.

그러나 정신과 의사인 그녀는 소년갱단이나 마리화나 상습복용 소년소녀에게 이렇게 말했다.

"우리는 오늘 네가 한 일을 좋아하지는 않아. 그러나 얘야, 우리는 너를 좋아해."

비행 소년소녀들은 자기네들이 한 나쁜 일에만 관심을 갖고, 그렇게 하면 벌을 받게 된다는 매우 평범한 훈계를 하는 대신에, 그들에게 인격적인 관심을 기울이는 정신과 의사의 따뜻한 말에, 눈물을 흘리기 시작했다.

정신과 의사는 고통의 내적인 불안을 보상받기 위해서, 나쁜 짓을 했다는 것을 알아내고, 그들의 자존심을 세워 줌으로써 그 불안의 원인을 제거할 생각이었다. 이것은 정신과 의사들이 실행하는 치료법의 핵심이고, 이 황금기법의 도움을 거부하는 성직자들은 아무도 없을 것이다.

기독교 신자들은 인간은 하나님의 형상대로 만들어졌다는 것을 강조는 하면서 다원론의 진리를 믿지는 않는다.

사람은 단일한 존재가 아니다. 그는 자기 안에 행복한 자아, 놀란 자아, 성난 자아 등의 다양한 자아를 지니고 있다. 그러므로 사람은 인생이란 이름의 차량이 고속도로로 돌진하듯 서로 밀어내는 여러 개의 작은 자아로 연결되는 옴니버스(Omnibus)와 같은 존재다.

지금으로부터 약 1,000년 전, 위대한 유대인 사상가인 사리아는 내적 다원주의에 관한 진리를 지적했다. 그는 인간적 경험에서의 다원주의의 필요성에 대한 자신의 지적을 입증하기 위해서, 두 가지 생생한 설명을 덧붙였다.

즉 노란 색이나 파란 색과 같은 단일한 색채는 눈에 피로를 주고 영혼에도 권태로움을 주며, 단조로움 음조 또한 한 가지 효과만을 주고, 우리 귀에도 소음이 된다는 것이다. 따라서 다양한 음표가 어울리고 혼합되어야만 하모니와 멜로디를 산출해 낼 수 있다는 것이다.

시각과 청각의 세계에도 다양성이 필요하다면, 바람직한 인생을 성취하기 위해서는, 우리의 본능과 욕구에 관한 상호 협조적인 채널이 설치되어야 한다고 본다.

칸트나 헤겔 같은 사상가들은 우리에게 단일한 인격체가 아닌 복합체로서 우리 자신을 받아 들여야 한다고 가르치고 있다.

사실, 이 지상에 태어나는 모든 사람들은 언덕과 계곡, 상승과 하강을 지닌 소우주 같은 존재이다. 인간의 삶은 평편한 평원이 아니다. 인간 영혼의 지형 또한 가지각색이다. 우리 인생의 지형에도 오아시스뿐만이 아니라, 많은 사막도 있다는 것을 깨달아야 한다.

02 무한대(Infinity)에 도전하라

인생이란 파도를 타는 젊은 서퍼(Surfer). 그대들은 측량할 수 없고 무한하고 한계가 없는, 끝없는 지평선을 달리고 있다.

1913년, 인도의 24세 된 젊은이 라마뉴잔은 영국의 케임브리지대학의 유명한 수학자 G. H. 하디 교수에게 편지를 썼다.

"나를 케임브리지대학의 수학 교수로 초빙해 주세요."

그는 캘커타에서 수천마일 떨어진 인도의 남부 마도라스 외곽에 있는 조그마한 마을에서 태어났다.

그는 밤이 찾아오면, 하늘에서 반짝거리는 별들이 폭포처럼 쏟아져 내리는 것을 보면서 생각했다.

도대체 무한대(Infinity)는 어디까지인가?

그는 정규학교 교육을 받지 못했지만, 아르키메데스처럼 독학으로 수학을 공부했던 신동이었다. 하디 교수는 라마뉴잔에게 10개의 수학적 질문을 했다. 한 달 안에 매우 난해한 문제들을 수학공식으로 풀어서 보내달라는 것이었다.

그는 4시간 만에 모두 풀었다.

하디 교수는 한 인도 시골의 무지랭이 청년을, 영국의 케임브리지대학의 교수로 초빙했다. 그는 대학 교수로서 이미 자기 선조들이 발견해 낸 〈0〉에 관한, 1,000페이지에 달하는 논문을 발표했다. 이것은 아인슈타인 박사가 1905년 26세의 젊은 나이로 상대성이론을 세상에 발표했을 때와 같은 충격적인 내용이었다.

〈0〉 속에 잠재해 있는 무한대(Infinity)에 관한 원리였는데, 하디 교수조차 이해를 못했다고 한다.

아인슈타인의 특수상대성이론은 당시까지 지배적이었던 갈릴레이와 뉴턴의 이론을 뿌리부터 뒤흔드는 것이었는데, 뜻밖에 여러 결론은, 특히 질량과 에너지의 등가성에 관한 결론은 현재의 원자폭탄의 가능성을 예언했던 것이다.

라마뉴잔의 무한대(Infinite)에 관한 이론은, 후에 케임브리지대학 교수인 스티븐 호킹(Stephan Hawking) 박사가 시간과 우주의 신비에 관해서 쓴 뉴욕타임스 비소설 분야 베스트셀러인, 『시간의 역사』(History of Time)에 영향을 주었다.

그가 요절할 때까지 물리학 이론에 남긴 것은 무한대(Infinity)에 관한 도전이었다.

로버트 카니켈은 라마뉴잔에 관한 자서전의 제목을 『무한대를 알았던 사람(The Man Who Knew Infinity)』이라고 했다.

최후의 죽는 순간까지 원주율을 계산해 낸 아르키메데스(Archimedes. BC 287—212. 그리스의 천문학자이자 물리학자. 새로 만든 왕관의 순금 여부를 가려내라는 왕의 명령을 받고 목욕탕에서 이를 풀자, 발가벗은 채 "유레카!" 외치며 왕에게 달려갔다는 이야기는 유명하다).

미적분학을 체계화하면서 우주의 중력의 법칙을 발견한 뉴턴.

수많은 물리학자들이 꿈꾸어 오던 대통일장이론(단일원리로 우주의 생성과 변화를 설명할 수 있을지도 모른다는 이론) 수립이 점점 가깝게 다가왔다고 생각하게 만든 호킹.

우리가 빛의 속도만큼 빨리 달릴 수 있다면 영원히 살수 있다는 꿈을 꾸었던 아인슈타인….

이들은 모두 무한대(Infinite)에 도전을 했던 젊은이들이었다.

인간에게 재갈을 물리고 살육하고 땅을 정복한 징기스칸, 히틀러 같은 사람들을 영웅이라고 하지 않는다.

로맹 롤랑은 그의 저서 『괴테와 베토벤』에서 "진정한 영웅은 오직 고독과 적막과 불행 속에서 싸운 힘찬 심정을 가진 자만이, 영웅의 이름에 해당한다"고 했다.

"베토벤이야말로 정녕 그와 같은 사람의 하나이다. 그는 불구의 몸으로 누구보다도 심한 고독 속에서 천만인의 가슴을 뒤흔드는 아름답고 웅장한 음악을 만들어냈다. 베토벤의 생애가 우리에게 가르친 것은 고통에서 기쁨으로, 어두움에서 빛으로 이르는 길인 것이다."라고 했다.

아이러니컬하게도 유명한 예술가들의 작품은 그들이 병들어 고통 받고 있을 때 만들어졌다. 톨스토이는 임질에 걸려 고통 받을 때 『전쟁과 평화』같은 대작을 완성했고, 빈센트 반 고흐는 간질병과 우울증 속에서 인상적인 작품들을 그렸다.

바이런은 간질병에 걸려 호르몬 불순환으로 고통 받는 가운데 주옥 같은 시를 썼다. 가장 인상적인 쇼팽의 작품은, 그가 결핵에 걸려 고통 받고 있을 때 작곡되었다.

영국의 시인 하우스만은 그가 병들어 있을 때만 시상이 떠올라 주옥 같은 시를 썼다.

고통의 용광로 속에서 새롭게 태어난 사람들만이 우리들의 영웅의 모델이 될 수 있다. 인생의 영웅적인 모델을 선택하라. 그를 모방하기 위해서기 아니라 우열을 가리기 위해서이다.

위대한 사람들의 표본은 살아 있는 책이다. 자기 분야에 두각을 나타내는 1인자를 선택하여 그를 모방하는 것이 아니라, 앞질러 가라.

알렉산더 대왕이 아킬레스 무덤 앞에서 운 것은 그를 위해서 운 것이 아니다. 아킬레스처럼 명성이 아직 세상에 알려지지 않은 자신을 위해서 울었다.

다른 사람의 명예가 울려 퍼지는 트럼펫 소리만큼 자극을 주어 야망을 불러일으키는 것은 없다. 이것은 다른 사람에 대한 시기심을 없애 주고 고상한 행위를 불러일으킨다.

물질! 이것이 세상에서 가장 중요한 것인가?

가장 중요한 것은 이상(理想)이다.

영웅과 순교자, 성인, 교사, 지도자들 그리고 위대한 예술가와 과학자들의 삶을 본 받으려는 자세, 이것은 인간의 성취를 위해 필요불가결한 것이다.

사람은 지혜 있고 친절하며 우호적인 다른 사람들의 인격적인 도움을 받지 않고서는 살 수 없다.

사람은 흔히 그의 영혼의 나침판이 그의 경험의 궤도 안에서 위치한 영웅들에 의해 자성을 띠지 않을 때 방향 감각을 잃게 된다.

이 진리는 문학과 종교의 영역에서 직관적으로 이행되어 왔다. 인간의 삶은 유한하기 때문에 인생의 허무함을 안 그리스인들은 무한한 힘을 내재한 영웅들, 신을 닮은 인간들을 신화 속에서 등장시켰다. 아킬레스나 헤라클레스처럼 신과 인간의 피가 동시에 흐르는 영웅들을 만들어냈다. 그리고 그들은 이러한 영웅이나 신과 자신을 동일시하는 교육을 받았다.

제거 교수가 그의 고전적 저서에서 "개인적인 어려움을 해결하는 가장 효과적인 지침은, 옛 영웅들의 모델의 삶과 교육적 사례의 역할의 예에 의해 주어진다."라고 지적한 것처럼, 플루타르크의 관심은 주로 위대한 영웅들의 교육적인 힘에 집중시켰다.

우리는 초등학교 때부터 『플루타르크의 영웅전』을 읽어 왔지 않은가. 호머 이래로 귀족적 교육의 기초는 오래 전에 죽은 영웅들에 관한 찬양이었다.

미국의 오바마 대통령은 프랭클린 루즈벨트 대통령을 정신적인 지주이며 영웅적인 모델로 선택하고 정치를 하게 되었을 때, 불경기의

위태로운 적신호에서부터 청신호로 바꾸게 했으며, 또 한번의 뉴딜정책으로 미국 경제를 그 깊은 수렁에서 건져 냈지 않은가.

내가 만나는 많은 사람들은 다양한 직업과 성격을 가지고 있을 뿐만이 아니라 20대에서 90대까지 이른다. 그들이 입는 옷의 스타일도 틀리고 신발도 틀리다.

그러나 나는 그들을 매우 좋아한다. 그것은 내가 그들과 만남으로써 무엇인가를 배우게 되고 좋은 아이디어도 얻게 되어 내가 글을 쓰는 데 많은 도움을 주기 때문이다.

그들도 나를 만남으로써 자기네들도 정확히 알지 못하는 지식 같은 것을 얻게 되어 그들의 내적인 성장에 필요한 질소 같은 것을 얻게 되며, 또한 나도 이러한 수수작용으로 상호적인 도움을 받게 된다.

이 세상은 혼자 살 수는 없다.

우리에게 영웅을 달라.

04 생명은 신이 인간에게 준 복잡하게 얽힌 (고통, 고난, 질병, 환희, 쾌락 등의) 선물이다.

밤이 없고 24시간 낮만 있다면, 낮의 광명에 대한 가치를 느끼지 못할 뿐만 아니라, 낮이 주는 단조로움에 우리의 세포는 활력을 잃게 될 것이다.

연어가 자기가 태어난 곳으로 돌아오는 길처럼 험한 길은 없다. 작고 큰 폭포를 반대로 뛰어 넘어야 하는 험준한 길이다.

그러나 연어가 험난한 길을 갈 때 실패하지 않고 성공하는 것은 이들을 잡아먹거나 괴롭히는 괴물 같은 고기들이 주변에 있어 계속해서 연어의 여행을 방해하고 있기 때문이라고 한다.

악마가 인간을 괴롭히지 않는다면 우리는 삶의 활력소를 잃고 기진맥진해져, 마치 김빠진 사이다 같이 되지 않을까 생각한다.

낮이 어두움에 밀려 밤이 되면, 태양이 다시 흑암을 내쫓고 활기찬 아침을 준다. 이러한 우주의 양면적 사이클에 맞추어 우리의 정신은 성장한다.

우리 인생의 여정은 서로 앞으로만 가는 것이 아니라, 뒤로 갈 때도 있다.

나는 아침에 조깅을 할 때 앞으로만 뛰지 않고 뒤로도 뛴다.

이것이 앞으로 뛸 때 영향을 못 받는 근육에 활력을 넣어주기 때문이다.

병들어 내 인생이 멈추어진 듯 고통을 받는 일, 혹은 대학 시험에 떨어져 재수를 해야 되는 고통스러운 일들은 마치 내가 뒤로 걸어가는 것 같은 느낌을 주지만 오히려 뒤로 갈 때 앞으로 가면서 발견하지 못한 진주 같은 것을 발견하게 될 것이다.

굴이 모래알에 의해 자극받을 때 그 아픔 속에서 진주의 비밀을 지니는 것처럼, 인간 역시 고통이라는 모래알로부터 상처입고 단련 받을 때 지혜와 아름다움과 고귀함이라고 불려지는 수많은 진주를 얻게 된다.

지금까지 살아온 과거를 생각해보면 "태어나는 날로부터 지금까지 고통이라는 구슬로 이어져 온 것이 나의 인생의 전부다"라고 고백하지 않을 사람은 없을 것이다.

『아파야 산다』의 저자인 샤론 모알렘은 나쁜 병을 유발하는 유전자들이 진화과정에서 살아남는 이유를 탐색했다. 유럽인구의 3분의 1이상을 사망의 골짜기로 몰고 간 흑사병 창궐 과정에서 혈색증 유전자를 가진 사람들이 생존확률이 높았다고 한다. 흑인들에게서 볼 수 있는 겸상 적혈구 빈혈증은 말라리아에 강한 내성을 갖고 있다. 질병을 일으키는 나쁜 유전자가 알고 보면 인간이 생존하는 데 필요한 역할을 했던 것이다.

미국의 작가 어빙스톤은 미켈란젤로의 생애를 쓰면서 그의 인생은 고통의 색깔과 환희의 색깔로 얼룩져 있는 것을 발견했다.

섹스피어의 〈햄릿〉 2막 1장에서 오필리아와 사랑에 도취된 햄릿은 매우 기이한 행동을 하는데 이것은 아마도 황홀감에 취했기 때문이다. 이러한 황홀감은 곧 사라지고 비극의 물결은 햄릿 집안을 휩쓸고 말았다.

새로운 창조적인 아이디어 결핍으로 슬럼프에 빠져 있던 로댕은 카미유 클로텔로부터 예술적인 영감을 받았을 때 황홀했다.

월남전쟁에 나가 실종되었던 것으로 알려진 아들이 살아 있다는 소식은, 고통 속에서 시달리던 온 가족에게 미칠 듯한 황홀감에 빠져들게 했다.

20년 동안 고통 속에서 글을 썼던 마가렛 미첼은 『바람과 함께 사라지다』가 출간되자 마자 세계적인 베스트셀러가 되었다는 소식은 그녀를 황홀의 도가니로 몰고 갔다.

인생이란 파도를 타는 젊은 서퍼. 그대가 좌절과 실의에 빠져 있다가 대학시험에 합격되었다는 소식은 온 가족이 느끼게 될 기쁨의 극치가 될 것이다.

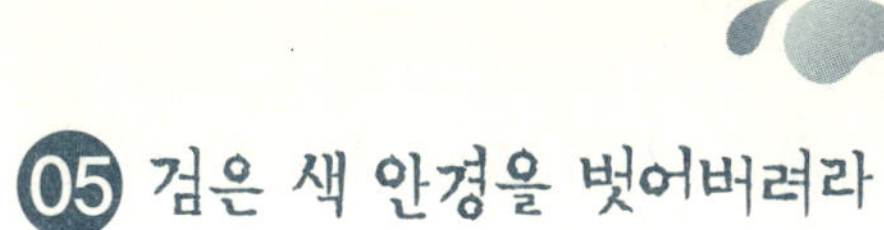

05 검은 색 안경을 벗어버려라

열등감이란 자기혐오의 증상 속에 가장 일반적으로 숨어 있는 감정이다. 자기혐오에서 열등감을 느끼게 되고, 자기 비하와 내적인 자기 경멸의 형태로부터 무한한 비극이 발생한다.

우리는 다른 사람들은 상당한 수입의 근원을 가지고 아무런 문제없이 열정에 찬 삶을 살고 있는 반짝거리는 래커로 칠해진 완제품으로 보는 반면에, 나 자신은 부족함과 오래된 결점으로 누더기 옷이 입혀진 불안정한 상태로 보는 경향이 있는 것이다.

그러나 우리 주위의 모든 남녀들이 숱한 패배의 전투애서 얻은 상처를 몸에 지니고 있다는 것을 깨달을 수 있게 된다면, 조금 덜 상처 입은 우리 자신의 피부를 발견하고 안도의 한숨을 내쉴 것이다.

대학시험을 두려워하는 우수한 재능의 젊은이들, 일류기업에 들어가기 위해서 문을 두드리기를 두려워하는 능력 있는 인재들, 자기가 실패하고 말 것이라는 생각 때문에 정상적인 기회를 포착하거나 결정하기를 두려워하는 사업가들, 자신의 지적 능력과 과학적인 연구가 동료의 그것보다 열등하다고 믿는 전문가들, 이웃 사람들의 척도에 의해 측정될 때, 자신의 사회적 능력을 낮추는 매력 있고 재능 있는 여인들, 그리고 내적으로 자신을 미워하는 이 사람들은 실제로 자기 자신을 취조하고 많은 훌륭한 재능과 잠재능력들을 단두대에 매달도록 사형선고를 내리는 가혹한 검사와 판사들이다.

놀랄 만큼 역설적이긴 하지만 아마도 다른 사람들은 그대 자신을 보는 것처럼 그대로 보지 않는다. 실제적으로 그대는 능력 있고 매우 강하며 지혜로우며 성공할 수 있는 가능성이 크다.

지금의 모습 그대로를 사랑하고 존경하라.

오늘 당신은 내일의 당신보다 더 위대하다. 우리는 내일을 위해서 오늘을 살면서 더 좋은 내일이 올 것을 기다리지만, 오늘보다 더 나은 내일은 결코 오지 않는다. 그러기 때문에 오늘 하루를 만족스럽게 여유로운 풍요를 향유하는 삶을 살아야 한다.

미래의 문은 오늘 없이 열리지 않으며, 미래에 대한 모든 꿈과 계획은 오늘이 지나면 다른 사건들로 바뀔 수 있기 때문에, 솔직히 말해서 현재 이 시간이 미래이다.

검은 색 안경을 끼고 자신을 바라볼 때 당신은 조그마한 난장이로 보일는지 몰라도, 안경을 벗고 당신 자신을 보면 미래의 문을 (만약에 열리지 않으면) 깨어 부수고도 들어갈 수 있는 거인으로 보인다.

미래는 오늘부터 시작한다. 오늘 당신은 스스로가 자신에 대해서 생각하는 것보다 더 훌륭하고 더 능력 있으며 성공할 자질이 있고 어제보다 오늘이 훨씬 더 창조적이라고 생각해야 한다. 이러한 삶이 계속해서 마치 물 흐르듯이 진행될 때 이것이 창조적인 미래로 흘러가게 된다.

많은 사람들은 돈 주앙을 위대한 연인이라고 부르며 부러워하지만, 그의 끝없는 사랑의 정복은 자기는 누구도 사랑할 수 없다는 사실을 숨기기 위한 위장술이며, 심지어 자기도 사랑을 받을 수 있다는 것을 믿기 위한 시도였다. 그의 삶은 탐색과 현실 도피였다.

그는 오늘, 한 여인을 사랑할 수 없고, 사랑을 받을 수 없다는 사실 때문에 내일의 문을 열려고 시도했지만, 결코 열리지 않고 똑같은 오늘의 사건들이 반복되었다.

인생이란 파도를 타는 서퍼. 그대는 능력 있고 매력 있다. 내일을 단숨에 뛰어넘으니 말이다.

 그냥 내버려두면 맑아진다

화산이 폭발할 때, 그것을 막으려고 하는 사람이 있겠는가.

지진과 쓰나미가 일본을 강타했을 때, 그것을 막아보려고 하면 할수록 목숨만 잃었다. 그때의 최선의 방법은 그대로 내버려 두는 것이었다.

세상을 살다 보면 분노가 활화산처럼 타 올라와 폭발할 때가 있다. 이 때 우리가 할 수 있는 일은 분노를 자제할 필요도 없고, 한다고 해도 되지도 않는 일, 내버려 두면 되는 것이다.

우리는 가끔 나도 모르게 우울해지거나 기분이 언짢은 때가 있다. 이 때는 어떤 계획을 세우거나, 어떤 생각도 하지 말라. 우리의 기분은 하루에도 12번씩이나 온도가 오르내린다. 올라갈 때는 곧 내려가게 된다는 것을 알지 못하고 안절부절한다.

기분이 저조해지면, 우리는 자신감을 잃기도 하고, 불안감을 느끼며, 열등감에 쫓기기도 하고, 실패를 슬퍼하고, 우리가 가장 가치 있다고 느끼는 부분에 관해 경멸당하거나 인정받지 못할지도 모른다는 것을 상상하기도 한다.

이 때 우리는 영혼의 어두운 밤을 통과하며 살기 시작한다. 이때 우리 인격의 확장이라 볼 수 있는 남편, 아내, 딸과 아들, 형제자매에게서 불어오는 거센 바람이 뺨을 스쳐 지나간다.

남들과 어울려 살다 보면, 때로는 그들 사이에 거센 태풍이 불어오는데 그런 경우는 안전한 항구로 물러나 파도가 가라앉을 때까지 기다리는 것이 현명하다.

기분이 좋아질 때는, 인생은 붉은 장미 빛으로 보이며 인생의 끝없는 지평선을 보게 된다. 이 때 그대는 계획을 세우고 인생을 설계하라.

공부는 안하고 연극, 인터넷, 청춘 콘서트, 토크 콘서트 같은 데 몰두하는 자녀가 있다면, 그래도 내버려 두자. 예수님께서 마리아와 마르다가 사는 집을 방문하였을 때 마리아는 예수님을 대접할 음식을 만드는 일에만 열중했지만, 마르다는 아무 일도 안하고 예수님이 하시는 말씀만 듣고 있었다.

마리아가 불평을 하였을 때 예수님께서는 말씀하셨다.

"그대로 내버려 두어라. 마르다는 더 중요한 일을 하고 있으니 말이다."

흐르는 물을 탁하게 만드는 것은 쉬운 일이다.

흐려진 물은 인위적인 노력으로 맑아지지 않는다.
그냥 내버려두면 맑아진다.

07 우리는 아직도 황금송아지 우상숭배를 하며 맴도는 이스라엘의 아이들인가?

오늘날 우리 아이들이 느끼는 불안 중에 가장 큰 비중을 차지하는 것은, 아버지가 직장에서 해고당하거나 혹은 사업에 실패할까 봐 느끼는 경제적인 공포이다.

아버지가 겪는 고통은 사업의 실패나 실업으로 빚어지는 경제적인 불안과 초조인데, 이것은 인간의 영혼마저 붕괴시킬 수 있다. 무엇보다도 참을 수 없는 고통은 가장으로서 가장 멋있게 보이기를 원하는 사람들(아내나 아이들)의 눈에 자기라는 존재가 초라한 실업자의 모습으로 비치는 것이다.

이곳 미국 교포사회에서도 많은 중년의 남자들이 경제적인 실패로 오는 우울증 때문에 자살을 택했다. 이런 현상은 오늘날과 같은 심한 경쟁사회에서 많은 사람들이 겪는 경제적인 공포임에는 틀림없다.

사람들은 이러한 어려움을 극복해내지 못할까 봐 두려워하고 친구들이나 주변에 있는 이웃들이 자기보다 더 경제적으로 여유가 있고 더 성공하고 있다고 공연히 염려한다.

이러한 두려움과 염려를 어떻게 설명할 수 있겠는가?
이 세상에서 일어나는 모든 것은 일시적이다. 사업의 실패, 실직….
모두 일시적으로 일어나는 안개 같은 것이다.

미국의 오바마 대통령은 "오늘날 세계 경제기구는 너무나 거대하므
로 사람들은 자신들의 힘으로 조정할 수 있는 한계 밖에 있는 요인들
이 그들 자신들의 노력을 쇠퇴시킬 때, 자기의 잘못으로 실직하게 되
었다고 자신을 책망하지 말아야 한다."고 역설했다.

위대한 심리학자인 윌리엄 제임스(William James)는 말하기를 "자
살은 1분의 차이로 이루어진다."라고 했다. 1분만 더 인내했다면 자살
을 하지 않을 수도 있다는 이야기이다. 모든 것은 일시적으로 일어나
는 사건이기 때문에 그 현상이 태풍의 눈 속으로 스스로 들어갈 필요
는 없다.

우리가 숨쉬고 있는 이 거대한 사회구조가 돈과 물질로 이루어진 문
화라고 한다면 누구나 "Yes"라고 동의하고 싶지 않는 주제일지도 모
른다.
많은 사람들은 이러한 문화 속에서 생의 목표를 어떻게 하면 주어진
인생을 풍요롭게 살 수 있느냐 하는 것보다는 '소유'에 더 치중한다.
문자 그대로 더욱 더 많은 부의 탐욕스러운 추구 속에서 자기 자신
의 세포가 '소유'라고 불리는 암에 의해서 갉아 먹히고 있다는 사실을

모르고 있다.

한국의 학교 교실은 아테네 군이 페르시아 군을 무찌른 마라톤 평원으로 되어가고 있다. 우리 아이들은 이 평원에서 다른 아이들과 마라톤 경주를 하고 있다. 주자들은 숨을 헐떡이며 바로 뒤쫓아 오는 아이들에게 심한 불안감을 느끼고, 나는 듯한 걸음으로 따라잡으려고 하며, 앞서가는 아이들에 대해 질투와 두려움을 느낀다.

이러한 마라톤 경주를 주최한 사람들은 다름 아닌 아이들의 어머니이다.

우리 아이들의 어머니는 자기가 이루지 못한 꿈과 욕망을 아이들을 통해서 이루고자 한다.

2010 년도 헐리우드 영화 〈블랙스완〉에서 이 영화의 주인공인 니나의 어머니는 자신이 이루지 못한 욕망을 딸에게 투사한다. 그리고 욕망이라는 이름의 새장에 딸을 감금하고 괴롭힌다.

항상 일등만 하기를 원하는 어머니의 기대에 맞추지 못하자, 여기에서 오는 심한 분노와 열등의식으로 자살을 택한 학생도 있고, 어머니 자신이 만든 밀실에 아들을 감금해 놓고 괴롭히자, 그 아들은(18세) 어머니를 살해하게 되는 패륜아가 된다.

오늘날 한국의 학교 교육은 아이들이 지닌 무한한 잠재적인 능력이 파묻혀있는 광산에서 그것을 캐내는 광부의 역할을 하는 것이 아니라, 오히려 경쟁의식만 조장시키는 데 문제가 있다.

이렇게 우리들의 아이들을 경쟁의 도가니 속으로 몰고 가는 심리적이면에는 부를 축적하기 위해서 경쟁하는 부모들의 그림자가 배어 있다.

이렇게 물질적인 성공에 대한 우상 승배는 우리 사회의 모든 계층을 감염시켰고, 보다 크고 화려한 부를 얻는데 있어서 대부분의 사람들이 필연적으로 겪을 실패는 자기 경멸을 초래한다.

오늘날 한국 TV에서 보여주는 어떤 멜로드라마를 보면, 마치 이것은 외계에 와 있는 것 같은 우리의 세계와 다른 세계를 보여 준다.

우리 사회구조는 모든 공동체를 찢어 놓은 듯한 경쟁에 있다. 학교에서도, 드라마 속에서도, 직장에서도…. 경쟁의 숨찬 걸음을 걷고 있다.

어떤 사람이 쓸만한 집과 은행에 적지 않은 돈을 예치해 놓고 있다고 하더라도 다른 주자들에게 선두를 빼앗긴다면 그는 좌절하고 만다. 이런 좌절은 그의 소유가 부족해서가 아니라, 다른 사람들이 더 많이 소유했기 때문에 일어나는 현상이다.

누가 더 큰가, 누가 더 공부를 잘하나, 누가 더 부유한가, 누가 더 많이 가졌나, 누가 더 좋은 대학에 갔나, 누가 더 좋은 직장에 취직을 했나…, 우리의 삶의 비교급 질문은 햄릿의 "To be or Not to be"처럼 계속해서 악순환을 되풀이 하고 있다.

나의 목소리가 '마리오 란자'와 같지 않다고 입천장을 수술하는 성악가, 나의 소네트가 섹스피어의 것과 같지 않다고 해서 찢어버리는

시인이나, 나의 피아노 치는 솜씨가 쇼팽처럼 신비한 요소가 결여되었다고 해서 스스로를 무시하는 피아니스트와 같은 사람들이 되어서는 안 되겠다.

더 좋은 직장과 집, 보석, 자동차, 냉장고, TV, 컴퓨터, 그리고 부를 축적하는 데 원동력이 되는 주식투자와 부동산 투자를 위한 병적인 경주 대신, 이런 헛되고 덧없는 목표를 좇는 대신에 이런 것들을 변경시키는 법을 배우고 그들 자신의 현실적인 공헌과 업적에 대해 순수하게 만족할 때, 진정한 내면세계의 평온을 얻게 될 것이다.

자신의 창조적인 에너지를 성숙된 목표에 활용하고, 해결되지 않은 유아기적 경쟁의 충동은 자신에게 강요하지 않을 때만, 우리는 보다 행복해지고 성숙될 수 있을 것이다.

냉소적으로 말하자면, 우리는 아직도 여전히 황금송아지의 주변을 맴도는 이스라엘의 아이들과 같다.

08 네 소질을 알라

소크라테스는 "너 자신을 알라"라는 명언을 남겼지만, 그가 오늘날에 살아서 말한다면 "네 소질을 알라"라고 말할 것이다.

과학에 소질이 있는 젊은이가 경영학을 전공하거나, 문학에 열중한다면 어떤 결과가 있겠는가?

인간의 뇌는 무한한 광맥이 숨겨져 있는 광산과 같다. 어떤 사람은 자신의 능력의 심연 속으로 깊숙이 들어가 다이아몬드를 파 올려오고, 어떤 젊은이는 금을 캐어 올려 보낸다. 그러나 어떤 사람은 자신의 능력의 광산 속에는 다이아몬드나 금이 없고 석탄 밖에 없음을 알고 실망한다.

다이아몬드, 금, 석탄, 어떤 것이 우리들에게 가장 소중한 것인가?

경제적인 가치 기준으로 말한다면, 다이아몬드나 금일지 몰라도 이것들의 하는 역할은 각기 틀리는 방향에서 동일한 가치의 효과를 준다.

석탄은 가지고 다니는 기후이다. 세계 어디를 가도 그것을 가지고 간다면 따뜻한 기후를 제공해 준다. 다이아몬드나 금은 석탄(상징적인 열에너지를 의미함)처럼 우리에게 열과 빛을 제공해 주지 못한다.

젊은이들의 어머니들은 석탄이 묻혀있는 광산에서 금을 캐기를 원한다.

그대들의 능력의 광산에서 석탄 밖에 캐낼 수 없다고 해도, 우리 사회는 그대들을 필요로 한다. 그대들은 우리가 깊은 관계를 맺고 싶어하는 소중한 사람이다.

그대들은 꽃이다.

어떠한 어려운 환경에서도, 비록 부모의 학대나 빈곤에 노출된 비행 소년이라고 하더라도, 꼭 피고 마는 꽃이다. 그대들의 능력은 꽃가루처럼 영원히 부패하지 않는 천연의 신비를 가지고 있다.

어떤 꽃은 아침에 피었다가 저녁에 진다. 거목 세콰이어는 200년이 지나서야 첫 꽃이 핀다. 노랑앵초 꽃은 새벽녘에만 꽃이 피고 이 때 비누방울 터지는 것 같은 귀여운 소리를 낸다. 푸른 빛깔의 야생 아이리스는 매일 아침 꽃봉오리를 맺고, 저녁이면 다음 날의 꽃봉오리를 위해 진다.

그대들은 어떤 형태이든 아름다운 꽃임에는 틀림없다. 그러나 향기 있는 꽃이 되어라.

일반적으로 우리가 꽃을 생각하면, 그 아름다움과 향기로움이 떠오르겠지만 사실 90% 이상의 꽃들이 냄새가 전혀 없거나 불쾌한 냄새를 가지고 있다.

너 자신을 알라. 자신의 성격, 지능, 판단, 감정까지.

자신을 이해하기 전에는 자신의 주인이 될 수 없다. 얼굴을 비쳐보는 거울도 있지만, 영의 거울은 내적인 모습을 비춰 볼 수 있는 지혜의 거울이다.

자신의 외적 모습에 대한 관심을 멈출 때 자신의 내적인 모습을 고양시키도록 하라. 무슨 일을 현명하게 하기 위해서는 자신의 분별력과 통찰력을 측정하라.

그리고 어떤 도전도 감당할 수 있는지, 자기 자신의 능력을 판단하라. 자신의 능력의 신념으로 들어가 무한한 자원(금이든, 은이든, 석탄이든)을 캐어 올려라.

인생이란 그대들이 생각하는 것처럼 심각하지도 않으며, 위급상황이 아니다. 꽃은 언제 피어도 때가 되면 피기 때문이다.

알버트 아인슈타인은 어렸을 때 공부에 흥미를 전혀 보이지 않아, 뮤니히 중학교에서 퇴학을 당하고, 취리히 고등기술학교 입학시험에 불합격했다. 수학 조교 자리도 유지하지 못했고 사립 기숙학교의 가정교사 자리에서도 쫓겨나, 베를린에 있는 특허국에서 단순한 서기의 일에 만족해야 했다.

프랭클린 루스벨트 대통령은 39세 때 척수성 소아마비로 양쪽 다리가 마비되었다. 이것은 정치하는 사람으로서 큰 실패를 몰고 올 수도 있는 사건이었다. 그러나 다리가 마비된 후에 뉴욕 주지사에 당선되었고, 이후 4번이나 미합중국 대통령으로 선출되었다.

이것이야말로 자신의 실패 때문에 절망하는 사람들에게 크게 위로받을 수 있는 이야기가 된다.

성공과 실패, 이것을 규정하기란 매우 어렵다.

세계2차대전을 종결시킨 것은 오펜하이머 박사의 원자탄 제조의 성공 때문이었다. 원자폭탄의 위력을 보지 못했다면 일본은 결코 항복하지 않았을 것이고, 그렇게 되었다면 수많은 인명피해와 문명 파괴가 뒤따랐을 것이다.

그러나 오늘날 우리가 생각할 때에, 원자탄의 발명이 과연 성공적이었느냐 하는 것은 아직도 의문부호를 남긴다.

오늘의 성공은 내일의 실패로 나타날 수도 있고, 오늘의 실패는 내일의 성공으로 나타날 수 있기 때문에, 성공이냐 실패냐 하는 것은 하얀 안개에 가려져 있어 알 수가 없다.

사업으로 크게 성공한 사람들은 자신이 만들어 놓은 재산을 즐기며 살지 못했고, 오로지 성취에만 몰두했기 때문에 돈 버는 일에는 성공했지만 자기네들의 삶을 성공으로 이끌지 못했다.

그들에게 있어서 어떤 성공은 자신과 자신의 삶을 배반한 대가로 성취되기도 하는데, 이는 사실상 실패를 의미한다.

칼 마르크스는 공산주의의 주춧돌이 된 『자본론』으로 명성을 얻었지만, 그의 집필 기간 중에 생활고로 아내는 실성했고, 아들은 알코올 중독자가 되어 자살을 했고, 칼 마르크스의 공산주의는 거대한 실패를 몰고 왔지 않은가.

제임스 조이스는 영문학의 금자탑을 쌓아 올린 『율리시즈』를 너무나 열정적으로 집필했기 때문에 시력을 잃어가고 있는 것조차 몰랐다. 그가 마지막 작품인 『Finnegan's Wake』를 썼을 때 그는 한 치의 앞을

못 보는 맹인이었다.

1,000여 개의 발명품을 특허로 가진 토머스 에디슨도 발명에는 성공했을는지 몰라도 그의 삶을 풍요로운 성공으로 이끌지 못했다. 그의 아내는 정신병에 걸렸고 아이들이 자살을 했다.

배는 항해를 끝내고 드디어 항구에 도달했을 때 암초에 잘 걸린다. 우리는 성공했다고 기뻐할 때에 실패의 그림자를 보아야 한다.

⑩ 왕따 당한다는 것은
극단의 고독이 찾아왔을 때 느끼는 절망감과 같다

한 밤중에 환하던 전기불이 한꺼번에 꺼져버리면 어떤 느낌이 올까, 한 번 생각해 보았는가.

한꺼번에 들이닥친 암흑세계의 물결이 흘러와서 나의 심장을 칠 것이다. 이러한 느낌은 내가 왕따(Bullying) 당했을 때 받게 되는 충격적인 아픔과 고통을 설명해 주고 있다.

영어에 'badger'라는 단어는 명사로 사용될 때는 '오소리'라는 족제비과의 동물을 의미하고, 동사로 쓰일 때는 '못살게 굴다, 괴롭히다'의 뜻을 가지고 있다.

어떤 사람을 badger한다는 것은, 배려함이 전혀 없이 그를 성가시게 하고 난처하게 만들기 위해 지속적으로 자비심 없이 괴롭히는 것을 의미한다.

오소리라는 동물은 몸은 땅딸막한 쐐기 모양이고, 앞발에는 큰 발톱이 있어서 땅굴파기에 알맞은 신체구조를 가지고 있다.

심술궂은 사람들은 이 오소리(badger)를 이용해서 새로운 도박성 스포츠를 개발했다. 이것은 경마에 돈을 거는 것이나 비슷한 형태의 도박의 일종이다. 자기가 돈을 건 오소리가 더 깊은 땅굴을 파내기 위해서 돈을 건 자들이 이 동물을 때리고 못살게 군다.

여기에서 'badger'가 동사로 사용될 때 이러한 의미가 부여된 것 같다.

개를 투견장에 황소와 대결토록 내보냈던 스포츠인 'Bull-Baiting'이라는 것도 개를 부추겨 황소를 괴롭히게 하는 것이다. 이러한 전통적인 영국의 스포츠에서 'Bull dog'라는 단어와 '왕따시킨다'는 의미로 사용되고 있는 'Bullying'도 나왔지 않나 생각하게 된다.

사람들은 다른 사람들이 괴로워할 때 자기도 모르는 쾌감 같은 것을 느끼는 것 같다. 왜 우리 아이들은 학교에서 왕따 당해야 하는가?

누군가를 왕따시키는 것은 그를 우리들이 누리고 있는 이 세상적인 사회구조 속에서 생기는 행복과 절단시키는 잔인한 행위이다. 이것은 더 깊은 땅굴을 파기 위하여 오소리를 괴롭히는 것 같은 악질적인 행위이다. 그 누군가를 왕따시키기 위해서 지속적으로 괴롭힌다면 그는 이러한 절단된 아픔에서 오는 고통 때문에 아마도 자살을 할 수도 있다. 수많은 우리 아이들이 학교에서 받는 왕따 신드롬 때문에 상처를 받고 치유되지 못해서 길거리를 헤매고 있는지 모른다.

2011년, 미국에서는 피비 프린스라는 15세 된 소녀가 같은 반 학생들로부터 왕따를 당해 계속적인 괴롭힘에 못 이겨 자살을 택해서 충격을 주고 있다.

같은 해 뉴욕에서 15세 된 왕따 여고생이 달리는 버스에 뛰어들어 자살을 해서 그 충격이 파도가 되어 퍼지고 있다.

한국에서는 왕따 학생들이 자살이라는 극단적인 선택을 한 것은, 기성 사회제도에 대한 복수심에서 생겼다고 볼 수 있다. 학교 폭력(Criminal school)도 왕따 현상의 부작용이라고 볼 수 있다.

『리더스 다이제스트』에 의하면 지금 북한은 30만 명(그들은 20만 명이라고 주장하고 있다) 이상의 전혀 죄가 없는 북한 주민들이 왕따 당해 정치범 수용소에 감금되어 강제노역에 동원되고 있다. 더 깊은 땅굴을 파내기 위해서 오소리를 때리고 괴롭히듯이 그들은 지속적으로 때리고 자비심 없이 괴롭히고 있다.

 '지나간 것에 대한 추억'은 과거에 대해 동경하고 낭만적인 열망을 말하는 것으로, 섹스피어의 소네트에 있는 문장이다.

 "가버린 세월은 모두 어디 있는가?"라며 사라진 청춘에 대한 향수 어린 동경으로 괴로워하고 한숨짓는 노인들과 대화를 나누고 있던 나는 한 점잖게 생긴 백발의 노인에게 물었다.

 "아름답고 매력적인 젊은 여인을 보면 어떤 생각을 하시나요?"

 노인은 대답했다.

 "어떤 향기나 달콤한 멜로디가 과거의 경험에 대한 추억을 가져오고 향수의 파도를 불러일으키는 것처럼, 아름답고 젊은 여인을 보면 나의 젊은 시절에 대한 향수를 불러일으키지요."

 T. S. 엘리엇(미국 태생의 영국 시인. 1948년 노벨 문학상 수상)은 "사람이 나이가 들면 이 세상이 낯설어지고 몸은 쇠퇴해지지만 삶의 불꽃은 더 활활 타오른다."고 했다.

물론 나이가 들면 뇌의 단기 기억력이 감퇴되고 반응 속도도 느려지지만, 더 빨리 이해하고, 귀납적 추론능력은 더 나아진다.

인생이란 파도를 타는 젊은 서퍼. 그대들은 인생의 봄 여름 가을 겨울을 동시에 보는 수평적인 인생관을 가져라.

윌리엄 섹스피어의 〈리어왕〉은 생의 겨울을 여름에 보지 못하고 겨울이 되어서야 보게 되는, 가련한 인간으로 묘사하고 있다.

우리는 봄이 되면 여름이 오고 여름이 오면 곧 겨울이 온다는 매우 평범한 사실을 외면하면서 항상 인생의 여름 속에서 만 있기를 원한다.

20대라는 환상 열차를 타고 자기 안주에만 열중하며, 종착역까지 가기를 원한다. 이런 20대는 몰두의 벽 속에 수감되어 사랑을 주지도, 받지도 못하는 〈시민 케인〉(이 영화는 미국영화비평가협회가 선정한 헐리우드영화 사상 최고의 작품이다. 이 작품은 1941년에 제작된 것으로 26세에 불과한 오슨 웰스가 각본, 감독, 주연까지 맡은 영화다)처럼 될는지 모른다. 이러한 나르시시즘은 자기사랑의 강력한 표현이 아니라, 거절로부터 얻어진 열등감의 가면을 쓴 형태인 것이다.

제62회 아카데미영화제에서 초유의 최고령인 81세에 주연 여우상을 수상한 제시카 탠디는 〈드라이빙 미스데이지〉에서 유대인 노파 역을 훌륭하게 소화해냈다.

한국에는 큰 재목들이 많지만 그들은 봄 여름 가을에만 꽃이 피고

겨울에는 죽어버리고 마는데 아쉬움이 있다.

소포클레스는 〈오이디푸스 왕〉을 90세에 완성했고, 소아과 의사 벤자민 스포크는 83세에 세계 평화를 위해 데모하다가 플로리다에서 체포되었다.

코미디언 조지 번즈는 94세에 뉴욕에 있는 프로텍터 극장에서 공연했으며, 무용 안무가 마루타 그레이엄은 95세에 마지막 공연을 했고, 피아니스트 미에지스러 호르스조스키는 99세에 새 앨범을 냈다.

웨슬리 브라운 연방 판사는 103세가 된 뒤에도 엄중하게 재판을 진행하고 날카로운 판사의 면모를 보였다.

알베르 까뮈는 이렇게 말했다.

"인생의 겨울이 오면, 우리는 얼마나 우리 이웃을 사랑했느냐를 놓고 심판받을 것이다."

무엇이 죽는다는 사실에 대처하는 방법인가?

인생은 짧지만 그 짧은 기간 동안에 크고 작은 수많은 변화를 경험할 수 있다.

그런데 수십억 년이라는 시간이 흐른 지구 위에서는 변화의 정도가 어떠하겠는가?

삶이란 중요한 일이든 나쁜 일이든 놀라움의 연속이다.

우리가 지금 살고 있는 이 세상은 사실 불확실하다. 과연 내일이 올 것인가?

만약 시간(시간 역시 신이 창조한 피조물이기 때문에…)이 앞으로 가지 않고 뒤로 간다면, 어떤 일들이 생길 것인가?

세상을 떠난 부모님, 부모님을 만날 수 있을 것인가? 2000년이 거꾸로 흘러 예수 그리스도의 산상설교를 직접 들을 수 있을까?

불확실한 세상에서 가장 확실한 것은 누구나 한 번 쯤은 죽는다는 사실이다.

가장 확실하게 사는 방법은 죽는다는 사실에 대처하는 것이다.

그것은 곧 사랑이다. 사랑은 인간이 추구해야 될 근본적인 희망이기 때문이다. 오늘날 다른 종교도 그렇지만, 특히 기독교는 2,000년 동안 자기네들이 피 흘려 지켜온 사랑의 도그마(Dogma)에 빠져 허우적거리고 있다.

도대체 '나'라는 존재의 의미는 어디에 있는가?

'나'라는 보잘것없는 존재는 연속된 실수를 거쳐서 나타난 진화의 산물이다.

그래도 나는 왜 존재하는가?

그것은 우리 몸속에 있는 유전자가 살아야 될 의미를 주기 때문이다.

야생동물들은 싱싱하고 건강한 먹잇감을 잡아먹지 않고, 병들고 비실비실한 것들만 골라서 잡아먹는다. 이것은 이들이 살아야 될 우주적인 이유가 있기 때문이다.

우주는 언제나 여기에 있는가? 우주가 있기 전에는 여기에 무엇이 있었는가? 우리는 왜 과거만 알고 미래는 볼 수 없는가?…라는 질문은 지적인 생동감이 넘치는 젊은 세대가 자주 던지는 본질적인 화두이다.

도대체 사랑이란 무엇인가?

사랑은 그 결과로 사랑이 무엇인가를 말해주고 있다.

젊은이들은 부모로부터 유년기를 거쳐 사랑을 공급받아 왔다.

배가 고플 때 젖을 주었고, 장난감을 사 주었고, 피아노 교습도 받게 했고, 컴퓨터도 사 주었다. 그리고 진심이든 또 진심이 아니든, 칭찬하는 말을 듣고 자랐다.

누구로부터 이든 간에 칭찬을 들으면 우리의 뇌는 쾌락을 느낀다. 이러한 쾌락은 책을 읽을 때 생기는 황홀감과 같아서 긍정의 샘이 솟아난다.

학교에서 두각을 나타내는 학생들, 대학시험에 거뜬히 합격하고 아주 쉽게 직장을 얻는 젊은이들은, 어렸을 때 부모로부터 칭찬의 말을 듣고 자란 사람들이다.

그러나 항상 부모로부터 "그렇게 하면 안돼", "또 그러면 밥 안 줄거야" 등… 이런 꾸중을 듣고 자란 아이들은 커가면서 부모로부터 오는 사랑의 결핍을 느낀다. 이러한 사랑의 부재는 아이들의 정신적인 성장에 필요한 정신적인 영양실조를 초래하게 된다.

『아직도 더 가야 할 길(The Road Less Travelled)』을 쓴 저자 스코트 펙 박사는 이렇게 말한다.

"사랑만 받기만 하는 것이 당신의 목적이라면 그것을 결코 성취하지 못할 것이다. 확실히 사랑을 받을 수 있는 유일한 길은 자기 자신이 사랑받을 가치 있는 젊은이가 되는 것이다."

내가 다른 사람으로부터 사랑을 받고자 한다면 그들을 사랑하는 방법을 배우라.

먼저 자신의 내면세계부터 변화시킬 때 마음속에서 사랑은 싹트게
된다.

내면세계 깊은 곳에 잠재해 있는 사랑의 샘물은 파면 팔수록 솟아
나온다.

내가 사랑받기를 기다리면서 시간을 소모하기보다는 먼저 사랑을
해 보라.

먼저 그대의 아름다운 손을 내밀어 보자.

⑬ 인생이란 파도를 타는 젊은 서퍼,
그대들은 아직도 이들을 사랑하는가?

신학, 철학, 의학, 음악 박사 학위를 가진 20세기의 성인이었던 슈바이처도 자기에 관한 한 지나치게 엄격했다. 자신의 건강과 다이어트에는 몹시 신경을 썼지만, 병원의 직원과 환자들에게는 무관심하기 짝이 없었다. 오염된 우물에서 퍼낸 물을 환자들이 마시게 했고, 영양이 적은 음식물을 먹게 했으며, 돈이 많았음에도 불구하고 병원시설을 개선하지 않았다.

즉 그는 검은 대륙 아프리카에서 '성자'라 알려져 있긴 하지만, 병원에서는 독재자요, '단순한 사람들에게 단순한 치료법'이란 생각 아래 원주민들을 무시했던 사람이다.

종교의 개혁을 부르짖은 마르틴 루터도 1525년, 독일 농민들이 기본권을 요구했을 때에 몹시 냉혹하였고, 하인들에 대해서는 "이집트의 바로 왕이 유대인들에게 하듯 대해야 한다."고 말했으며, 유대인의 책을 불태우고 그들을 독일에서 쫓아내야 한다고 주장했다.

차이코프스키는 강렬하게 타오르는 동성애의 충동을 누르기 위해 자신의 제자 미르유 코바와 결혼을 했다. 그러나 그의 동성애에 대한 집착은 사라지지 않았고 결국 그녀와 이혼하고 말았다.

청순하고 아름다운 처녀 미르유 코바는 차이코프스키를 사랑했지만, 결혼의 파탄으로 입은 충격 때문에 자포자기하여 수많은 정사를 갖고 많은 사생아를 낳았다. 뒤에 정신병자 수용소에 갇혔다가 거기에서 죽은 미르유 코바를 생각할 때 당신은 아직도 차이코프스키를 사랑할 수 있는가?

『에밀』, 『사회계약론』등 많은 책에서 "자연으로 돌아가라"고 외친 인도주의자 루소도 불륜의 정사로 생긴 다섯 자녀가 있었다. 그는 그 아이들을 모두 고아원으로 보내고 말았다. 아직도 당신은 루소를 인도주의자로 생각하고 있는지?

공산주의 이론의 동업자 칼 마르크스와 프리드리히 엥겔스는 서로 싸우게 되었다. 칼 마르크스의 하녀가 아기를 낳자, 서로 자신의 아기가 아니라고 주장했던 것이다. 그들은 교대로 그녀와 정사를 나누었기 때문이다. 인생의 실패자 마르크스와 엥겔스가 만든 공산주의는 거대한 실패를 몰고 왔다.

14 오늘의 '나'라는 존재는
어제의 '당신'으로부터 오는 결과

어떤 젊은이가 폴 임 심리상담실을 찾아와서 퉁명스럽게 물었습니다.

"왜 내 돈을 내 마음대로 쓰면 안 되지요?"

그래서 대답해 주었습니다.

"당신이 가지고 있는 돈은 진정한 의미에서 당신의 것이 아니고 단지 보관하고 있을 뿐이기 때문이지요."

인간에게는 자신의 삶의 모델로 삼은 '어제의 영웅들'이 있지요. 이들의 라이프스타일을 모방한 것이 오늘의 '나'입니다. 인간은 서로의 삶을 모방함으로써 '나'라는 존재로 형성된다는 말입니다. 내가 하는 말 한 마디, 내가 하는 노래, 내가 하는 자선행위, 내가 하는 퇴폐풍조, 내가 하는 예의 없는 행동을 누군가가 모방하고 있다고 생각해 보세요.

시인 윌리엄 워즈워드는 "아이들은 어른들의 아버지"라고 말했습니다. 소년은 아버지로부터 남성다운 용기를 배우고, 소녀는 어머니로부터 여성다운 자애지정(慈愛之情)을 배웁니다.

율리시즈의 아들 텔레마쿠스는 아버지로부터 죽음 앞에서도 두려워하지 않는 용맹성을 영향 받지 않았습니까?

또한 『타라불바의 아들』에서 드골은 아버지의 열정적인 사랑과 용기에 감명되어 그의 일생을 사랑과 용기로 꽉 채우지 않았습니까?

하지만 부정적인 측면도 생각해 보기로 하지요.

입센의 작품 『유령』을 보면 유령에게 시달림을 당한 어머니의 영향을 받은 나약한 아들의 삶이 잘 나타나 있지 않습니까? 오늘날 내 모습은 다른 사람들과 관계에서 형성된 조각이라고 할까요?

류시화 시인의 말처럼 "나는 왜 네가 아니고 나인가?"

나 자신에게는, 나는 '나'고, 다른 사람들에게는, 나는 '너'에 불과합니다.

15 잔잔한 바다가 들어오라고 유혹의 미소를 지으며
당신에게 손짓을 하더라도 결코 그녀를 믿지 말라

내가 내 일행들과 같이 하와이 호놀룰루에 위치한 지저분한 호텔 거리를 빠져나와서 중국인거리(China town)을 지날 때, 길거리에서 속살이 보일 것 같은 옷을 입은 여인들이 뭇 남성들을 노골적으로 유혹하고 있었다.

그 여자들은 남성들의 마음을 성적으로 현혹하고(Tantalizing) 있었다.

그리스 신화에서 탄탈로스(Tantalus)는 제우스와 님프의 아들로, 프리지아의 왕이었다. 그런데 신들의 비밀을 누설한 죄와 훨씬 더 악한 죄에 대한 벌로, 지옥의 강가에 영원히 서있으라는 선고를 받는다.

그 아래에 있는 물은 마시려 하면 빠져나가고, 위에 드리워진 과일이 잔뜩 달린 가지는 따서 먹으려 하면 멀어졌다. 얼마나 애타는(tantalizing) 일인가?

선원들을 유혹하는 사이렌들은 강가에 영원히 서서 애 태우는 탄탈로스의 모형들이다.

또한 'Tantalus'라는 단어는 열쇠 없이는 술병을 꺼낼 수 없는 술병 진열대의 이름이기도 하다. 술병 진열대 안에는 북한의 김정일이 즐겨 마신다는 술 한 병에 10,000달러짜리 로마네 꽁티(Romanee Conti)가 들어 있다.

그러나 열쇠 없이는 꺼낼 수가 없는 건 입맛만 동하는 일이다.

여성의 육체도 사랑이라는 열쇠 없이는 열리지 않는 탄탈로스일는지 모른다.

세계 역사의 수레바퀴를 반대로 돌아가게 한 역사적인 여성들이 있다.

삼손을 유혹한 델릴라, 시저를 유혹한 클레오파트라, 유명한 여성 스파이 마타 하리, 그리고 미8군 현병사령관을 유혹했던 김수임이 있다(그녀는 사형대의 이슬로 사라졌다).

청나라 황족출신으로 일본 간첩활동을 했던 가와시나 요시코는 1948년 반역죄로 총살을 당했다.

남태평양 제도나 샤를 보이에르와 헤디라마르에 의해 유명해진 남아프리카의 카스바와 같이 멀고 신비한 곳은 '유혹하는 카스바'란 단어로 전해지고 있다.

로마의 시인 루크네티우스는 바다에 관한 시를 썼다.

잔잔한 바다가 들어오라고 유혹의 미소를 지으며
당신에게 손짓하더라도 결코 그녀를 믿지 말라.

16 당신의 손을 풀어서 놓아주고 '안녕' 이라고 말하라

젊은 날에는 많은 꿈을 꾸며 계획을 세우지만, 이러한 꿈은 잘 이루어지지 않으며 계획도 수없이 바뀐다.

인생은 내 마음대로 조정되고 운전할 수 있는 자동차 같은 것이 아니다.

더 많고 더 좋은 것들을 얻기 위해서는 많은 것들을 포기하는 방법부터 배워야 한다. 이것은 가장 중요하면서 가장 어려운 단계이다.

어린 시절, 우리는 만족하며 살았다. 우리의 요구는 주관적이었다.

울면 신속하게 먹을 것이 주어졌고, 놀라면 달래주고 보호받았으며, 아프면 치료받고 간호 받았다. 우리는 다만 울기만 하면 되었다. 어린 시절, 우리는 포기의 필요성에 관해 인식하지 못했다.

산타야나(George Santayana)는 "인생에 있어서 가장 큰 어려움은 선과 악 사이에서 나타나는 선택의 문제가 아니라, 선과 선 사이의 문제"라고 했다.

만약 그대가 아인슈타인 같은 과학자나 섹스피어 같은 작가가 되기 위해 자신의 조직화된 창조적 능력을 쓰고자 한다면, 그대는 분명히 둘 다 될 수 없다.

그러나 우리 인생의 초기 단계에서 한 가지 욕구는 다른 것과 아주 상반될 수 있으므로, 욕구 사이에서 선택하는 법을 배워야 한다는 것을 깨닫지 못한다.

젊은 세대는 많은 직업 사이에서 방황할 것이고, 이 모든 것이 미래에 가능할 것이라는 상상과 환상에 빠진다.

젊은 사람이 자신의 사랑의 대상을 어떤 한 사람으로부터 다른 사람에게 전이시키는 일은 자연스럽지만, 결혼한 남자가 여전히 사춘기의 미성숙한 행동을 보이고 불확실한 감정과 백일몽이라는 제단 앞에 그 자신과 가족을 희생 제물로 삼으며, 술 취한 운전자처럼 인생이라는 차를 몰고 간다면 어떻게 되겠는가? 낭떠러지에 떨어져 부상을 당하거나 죽을 수도 있다.

시간은 빨리 흐르는 것이 특징이지만, 한 번 쏘면 되돌릴 수 없는 화살이며, 유년기나 청년기에 분리된 자아로 회귀할 수 없다.

부주의했던 청년기의 옷을 다시 입으려는 남자, 인형의 옷에 자신의 감정을 입히려는 여자, 이것은 시간의 화살을 거스르려는 가련한 인간의 모습이다. 이런 사람들은 유아기에나 적합했던 그런 욕구들을 포기할 줄 아는 법을 배워야 한다.

인간이란 성숙한 사랑과 성취라는 하나의 거대한 문이 열리기 전에 수많은 문을 닫아 버리게 되는 존재이다.

포기란 사실 고통스러운 일이다. 그러나 우리는 환상적인 생활의 낭만적이고 드라마틱한 특성에 우둔할 정도로 집착한다.

우리는 스스로 사랑을 정복할 사람, 위대한 영웅, 한때 되고 싶어 했던 유명한 과학자인 듯 착각하기도 한다.

억압하는 것과 포기하는 것은 서로 다르다. 모든 야망과 소원은 억압하고 그 실현을 부인하는 사람은 후회스러운 인생의 길을 걸을 수 있다.

반면에 비현실적이고 무가치한 욕구를 포기하는 사람은, 그의 삶 자체에 용감하게 대면하고, 자신이 선택한 행동의 이유를 분명하게 함으로써 스스로 강해질 수 있다.

우리들의 어머니가 좋아하는 것은 반에서, 학교에서, 취직시험에서 1등을 하는 것이다. 그러나 그것은 한 사람 밖에는 그 누구도 할 수 없는 것이 아닌가.

우리는 포기를 직접적으로 받아들이고, 그것이 진정으로 영원한 행복을 얻는 데 필수적이라는 것을 이해할 때 비로소 내적인 갈등과 무거운 짐으로부터 벗어나게 될 것이다.

스토아학파의 순교자는 그의 대의를 폭로하기보다는 오히려 파시스

트적 고문을 견뎌내려 한다. 이상주의자들은 완고한 도덕의 서비스 속
에서 군중의 격노에 용감하게 맞선다.

이러한 모든 것들은 창조적인 포기의 예술이다. 이렇게 포기하는 사
람들은 덧없고 시들기 쉬운 황홀한 순간을 위해서가 아니라, 자존과
내적인 평안의 자원이 되는 영원하고 지속적인 가치를 위해 사는 법을
알게 된다.

우리는 샌드버그의 다음과 같은 말을 귀담아 들을 필요가 있다.
"당신의 손을 풀어서 놓아 주고 안녕이라고 말하라."

비현실적이고 무가치한 욕구를 포기하는 사람은,
그의 삶 자체에 용감하게 대면하고, 자신이 선택한 행동의 이유를
분명하게 함으로써 스스로 강해질 수 있다.

제2장

신과 내 영혼의 대화

어떤 사람이 나에게 이렇게 도전해 왔다.

"당신은 세상의 피비린내 나고 야수적인 부조화를 무시하고 있습니다. 도시는 공해로 파괴되었고, 들판은 황사가 일어나고 있습니다. 세계 각처에서는 아직도 화약이 터져서 불타고 있는 시신들이 뒹굴고 있고, 아프리카에서는 하루에도 수천 명의 어린이들이 굶어 죽어가고 있습니다. 세계 최고의 복지 국가인 미국에서도 노숙자들이 먹을 것을 없어 공원 쓰레기통을 뒤지고, 밤이 되면 이들은 잘 곳이 없어 공원 화장실 처마 밑에서 잠을 청하고 있습니다.

이러한 불행과 질병과 죽음의 세계에서 당신은 아직도 신의 뜻에 대해서 말할 수 있겠습니까?"

이 질문은 나에게 오랜 동안 풀 수 없는 수수께끼였고, 나 자신의 믿음에 부딪쳐서 깨어지곤 하던 위협적인 바위와도 같았다.

"의로우신 하나님께서 세상에 어찌 그리 많은 악과 고통을 허용할 수 있는가?"

하나님에 관한 고집스런 생각의 틀 속에 갇혀있는 한, 나는 평화를 파괴하는 이와 같은 질문에 대한 답을 찾을 수 없었다.

나는 화이트헤드, 산타야나, 플라톤, 칼 바르트를 읽었고, 그들의 뛰어난 문장 묘사에 경탄하면서도 굶주린 영혼을 위한 어떤 뚜렷한 대답을 찾아낼 수 없었다.

나 자신의 분투하는 영혼을 지적으로 만족시켜 주는 하나님을 향한 비밀스러운 오솔길을 발견하기 시작한 것은 『질문하는 바이블』이 출간된 이후부터였다.

하나님은 세상의 자연법을 제정하시고(그는 가끔 초자연 법을 사용하시기도 한다), 사람들이 그것을 지킬 것을 원하고 계신다. 또한 우리에게 양심을 부여하시고 우리가 그것을 최대한 사용하기를 원하신다. 만일 우리가 그것을 남용한다면, 그 행위의 결과로부터 우리를 구출하시기 위해 그 세계를 전복시키지 않는 것이다.

어떻게 전지전능하신 하나님이 한계가 있을 수 있을까?

많은 사람들은 그(하나님)가 스스로 의지하는 모든 것을 할 수 없다면 그는 하나님일 수 없지 않은가라고 말한다.

하나님이 그가 창조한 세상의 본성에 의해 제한된다는 것을 내가 믿지 않는다면, 그 때 나의 신앙을 포기해야 할 것이다.

그는 은하계를 지구보다 빠른 속도로 돌고 있는 태양을 24시간 정지시키지 않으신다.

그는 눈 한 번 깜박임으로써 모든 것을 명령시키는 마술사가 아니라
는 것을 깨달아야 한다.

우리가 우리의 육신의 부모와의 관계에서 성숙이란, 나 자신과 같이
그들도(우리들의 부모) 한계를 가지고 있다는 것을 깨달아야 된다.
　하나님과 관계에서 성숙이란, 하나님에 대한 우리의 유치한 견해를
굴복시키는 것과, 그 역시(하나님) 자신이 만든 법에 의해 지배되는 세
상 구조 속에서 자신의 주권이 어느 부분에 자발적으로 굴복한다는 것
을 이해하는 것을 의미한다.

러셀 같은 불가지론자들은 이렇게 질문해 온다.
"하나님은 왜 인간에게 악을 행할 수 없도록 하지 않는가?"

만약에 하나님께서 인간이 악을 행할 수 없도록 하신다면, 인류는
그의 손끝에서 놀아나는 인형극의 꼭두각시가 될 것이고, 인간은 가장
고귀한 능력인 의를 악 대신 선택할 능력을 상실할 것이다.
　그는 우리가 꼭두각시나 로봇이 아닌 개별 존재로 만드셨고, 인간으
로서 우리 자신의 도덕적인 직관에 따르며 스스로 도덕적인 결정을 하
게 하는 능력을 선물로 부여하셨는데, 이것이 인간 사회의 진정한 희
망이라고 할 수 있다.
　우리는 이로써 희망의 여명이 비쳐오고 있음을 느낀다.
　인간이 어떤 개성도 소유하지 못하고 책임 있는 자기 결정을 못하는
세상은 결코 좋은 세상은 아닐 것이다.
　우리 인간은 단지 외롭고 소외된 개인이 되어서는 안 된다.

우리는 서로에게 소속되기를 원하고, 사회적인 관계에 따라 영향을 주고받기를 원한다.

절대적인 고독보다 더 무서운 것은 아무것도 없다. 하나님은 지상을 우리가 홀로 있지 않는 곳으로 만드셨으며(사실 원자도 서로가 서로에 속해 있으니, 우리 몸의 세포도 서로 관계를 갖고 대화의 문을 열어 놓고 있다),

우리 인간은 서로에게 영원히 영향을 줄 수 있는 관계를 갖도록 창조되었다.

인간 사회는 인간의 몸과 같다. 만약에 손이 가시에 찔리면 온 몸이 아픈 것처럼, 지구 위에 있는 어느 한 인간이 아프면 우리가 아픈 것이다.

우리 모두가 서로에게 소속된다는 것이, 이 땅의 영광이자 비극이기도 한 양면성을 가지고 있다.

⑱ 하나님은 인간이 그의 동역자가 되기를 원하고 계시다

우리시대의 가장 과학적인 철학 사상가들, 이를테면 화이트헤드나 콤슨 같은 사람들은, "하나님은 우리 인간들의 협력을 필요로 하는 분이며, 더 좋은 세계 건설에 있어서 인간을 동역자로 원한다는 것을 우리가 알 필요가 있다"고 말했다.

인간 창조 과정에 있어서(성경에 의하면) 하나님은 'Let'라는 사역동사를 사용했는데, 그것은 '하나님(성부, 성자, 성령)과 아직 세상에 태어나지 않은 인간(하나의 인격체로 간주해서…)과 상의해서(이것은 동역자 관계를 나타냄) 인간을 만듭시다(Let us make man…)라고 했다'고 해석하는 성경 주석 학자들이 있다.

단지 다른 사람에게 예속되어 힘든 노동을 하는 노예에 불과한 사람들이, 어떻게 인간이란 보잘 것 없는 존재를 하나님과 동역자로서 감정적으로 느낄 수 있겠는가!

인류의 역사는, 『질문하는 세계사』에서 말했듯이 먹을 것을 찾아 헤매는, 한 배고픈 창조물의 기록이다.

인류가 오래 동안 분쟁, 혁명, 기근, 재난, 질병 그리고 전제정치와 독재 정권 앞에서 무력감을 느끼고, 그 앞에서 힘없이 무릎을 꿇는 이야기였다.

나는 하나님에 대한 우리의 사상은 우리 삶의 새로운 실존과 조화시켜야 하는 시대가 오고 있다고 생각한다.

그러나 미국과 유럽의 예를 들어보면, 두 나라는 서로 다른 견해를 가지고 있다. 유럽에서는 종종 인간이 굴복해야 하는 강한 힘에 대한 복종과 이론이 강조되지만, 미국에서는 아버지 세대보다 더 나은 신세대, 더 성공적인 인간적 목표가 강조되어 왔다.

그리고 한국은 어떠한가? 한국이라는 조그마한 나라는 미국의 신세계의 영향을 받아 그 보다 한 발 앞서 가고 있는 것 같다.

오늘날 우리의 무능과 하나님의 전지전능을 강조하고, 우리 자신의 능력을 전적으로 부인하며(이것은 한국 개신교의 예배당 안에서 항상 들을 수 있는 설교이며…) 그의 영광만을 찬양할 것을 요구하는 종교는 우리들의 아버지 세대에는 적합할는지 모르지만, 자의식이 강한 한국 젊은이를 만족시키기는 어려울 것이다.

한국 젊은이들은 동양적이며 서구적이라 할 수 있는 종교의 특색인 의존감을 거의 느끼지 못해 왔다.

컴퓨터 문명 앞에 우뚝 선 젊은이들은, 아버지에 대한 콤플렉스가 거의 없는 새로운 문명의 물결 속에서 산다. 그들은 우리들의 조상인,

광개토대왕이 중국 땅(일부이나마)을 정복하고, 우리네 할아버지 세
대가 6.25의 비참함을 겪었고, 우리의 아버지 세대가 4.19 격동기를 겪
었다는 사실 같은 것은 중요하지 않다.

그들에게는 개인적인 성공이 중요하고 아버지의 성공을 능가하고자
하는 사상이 구축된 문명 속에서 살기를 원한다. 권위적이고 가부장적
인 아버지의 사상에 굴복하지 않을 것이다.

종교는 굴복과 복종 속에서가 아닌 삶과, 살아 계신 하나님과 책임
있는 동역자 관계로서 우리 자신을 생각하기를 시작해야 할 것이다.

QT나 기도와 성경 공부를 통해서 우리는 매일의 삶을 영적 활동으
로 변화시켜 나갈 수 있다. 우리는 모든 문화가 낡아빠진 전통에 의존
하기 보다는 자신의 하나님에 대한 사상을 창조해야 한다고 선언할 수
있을 만큼 충분히 용감해야 한다.

하나님과 나의 관계는 어떤 중재자(목사, 신부, 기타…)없이 수직으
로 이루어져야 된다고 생각한다. 이것이 21세기를 사는 젊은 세대가
가지게 될 종교의 가장 이상적인 스타일이 될 것이다.

아시아에서는 의존성을 미덕으로 삼아 왔다. 그러나 우리가 하나님
과의 동역자 관계에 있어서는 상호 의존성이 요구된다.

폴 트루니에는 "진정한 사랑이란 모두 상호적이다. 나에 대한 아내
의 사랑이 일방적인 것이었다면, 나는 조금도 관심을 갖지 않았을 것
이다"라고 그의 저서 『모험으로 사는 인생』에서 말하고 있다.

하나님께서 인간을 짝사랑만 하고 인간으로부터 상호적인 사랑을
받지 못한다면, 또한 인간이 하나님만 사랑하고 어떤 종류의 사랑도

받지 못한다면, 진정한 사랑이라고 볼 수 없다.

무력감이 아닌 자신감을 통해서 하나님에 대한 사랑을 나타내야 한다. 신성은 신비적인 복종을 통해서가 아니라, 실제적이고 도덕적인 활동을(테레사 수녀 같은…) 통해서 추구되어야 한다.

미래의 종교는, 무엇보다도 먼저 사람들이 그들 자신이 하나님에게 불가결한 존재라는 것을 말로써 표현할 뿐만이 아니라, 실제로 그렇게 느낄 때 진정한 동질의식을 갖게 될 것이다.

교회나 성당은 인간이 하나님께 복종이 아니라, 상호 연합을 꾀하고, 굴복이 아닌, 동역자 의식을 바라는 하나님에 대한 믿음을 사람들에게 가르침으로써, 인간의 위엄과, 자유를 위협하는 경제적, 정치적 예속에 항거할 수 있도록 도울 수 있다.

우리의 마음은 한여름 밤의 개똥벌레 불빛 같은 빛의 파편으로 이루어져 있다. 이것들이 제공하는 스쳐 지나가는 빛의 파편은, 우리로 하여금 인류의 끊임없는 발걸음에 의해 얻을 수 있는 사회적 성취의 최정상을 볼 수 있게 해 준다.

종교는 우주의 밤에, 최고의 큰 별인 하나님과, 아주 작고 작은 인간이라는 별들이 영원히 빛을 잃지 않을 것이라는 믿음을, 우리가 지니도록 도울 수 있을 것이다.

나는 한때, 문학, 철학, 신학, 예술 같은 고상한 활동들이 내적인 평화를 지속시킬 수 있으리라 생각했었다. 그러나 나는 지금 그렇게 생각하지 않는다. 예술가들이나 위대한 학자들이 성취감에 쫓겨 자신을 냉혹하게 채찍질하며 휴식 없이 활동했던 것을 회상하게 된다.

오늘날 우리들의 마음의 지성소가 될 수 있는 내적 평안을 얻기 위해 선물을 주시는 자를 향해 울부짖으며 기도하는 것은 당연한 일이다 (우리들의 기도 내용을 분석해 보면 마음의 평화를 선물로 달라는 내용은 거의 없다).

현대인들은 단테가 상상하지 못했고 구스타브 도레(Dore)도 묘사할 수 없었던, 파멸의 지옥으로 가는 비탈길을 아슬아슬하게 걷고 있다.

T. S. 엘리엇의 작품 속에 나오는 지치고 가련한 푸루프록과 같은

인물의 출현은 얼마나 두렵고 걱정스러운 일인가?

걱정 속에서 그는 구원의 손길을 찾는다. 즉 그로 하여금 새로운 위험은 통과하게 해주고, 현존하는 위험에 직면했을 때 극히 필요한 용기를 준다.

그가 드디어 마음의 평화를 얻고 지옥으로 가는 좁은 협곡을 피해서 갈 수 있었다는 이야기이다.

우리 삶의 소용돌이 속에서 마음의 평화가 이루어질 수 있는 것이지 무감각한 마취상태에서 이루어지지 않는다는 것을 화이트헤드는 지적하고 있다. 오히려 마음의 평화는 우리에게 침착하게 행복과 불행의 파동을 수용할 수 있게 해 준다. 심지어 이러한 파동이 생의 창조적인 과정으로부터 우리를 전환시킬 수 없다는 사실을 확신시켜 준다.

우리가 죽느냐 사느냐 하는 문제에 대한 해답은 우리의 영혼의 내부에서 얻어진다. 우리의 영혼을 살리는 마음의 평화는 그 영혼 내부에서 성취되는 것이 틀림없다.

인간은 내부로부터 아치 형태로 구축하여야 한다. 만약 그렇지 않으면 인간이란 건축물은 먼지에도 주저앉아 버릴 것이다. 그렇다! 풍부한 지성이 마음의 평정을 이룩했던 것은 아니다.

파우스트 작품 속에 등장하는 파우스트는 고통 받고 사는 현대인의 모형이라고 할 수 있다. 그는 철학, 문학, 과학을 섭렵한 당대 최고의 지성인이지만 더 큰 목표를 성취하기 위해 자신을 냉혹하게 채찍질했으며, 새로운 만족을 위해서 휴식 없이 질주하다가, 드디어 악마와 내

통하게 되는 비극적인 한 지성인의 모습을 보여주지 않았는가?

나는 나의 젊은 시절 가끔 〈돌체〉, 〈르네상스〉 같은 클래식 음악 감
상실을 찾았다. 베토벤의 장엄한 화음 속에서 화평을 얻게 되거나, 베
토벤에서 부족한 내용들을(사실은 만족스럽지 않은), 말러의 교향곡
을 들으면서 보충하게 되거나, 쇼팽의 황혼의 명상에서 어떤 위안과
평안을 얻었다.

그러나 미안한 말이지만 이러한 것들은 일시적인 진정제 역할을 할
뿐이었다.

이런 것들은 내가 글을 쓰다가 너무나 지쳐서 쓰러지게 되었을 때,
혹은 나의 내면에서 꿈틀거리는 스트레스가 너무 격렬해서 견딜 수 없
게 되었을 때, 우리를 진정시키고 쉬게 해줄 뿐이다.

락 뮤직은 우리들의 영혼에 자극을 주어서 세포들을 자살하도록 유
도하는 파괴자의 역할을 할 뿐, 단지 육체에 스며들어 일시적 흥분 상
태에 머무르게 할 뿐이다.

우리는 잠시 엘 그레코(El Greco)의 작품이나, 콘스터블
(Constable)의 목가적인 그림을 보고 일시적인 평온함과 위안을 받을
수 있다. 위대한 미술 작품의 색채 균형과 내부 디자인의 조화는, 사실
우리들에게 평안의 조건에 대해 가치 있는 실마리를 제공해 준다.

그러나 캔버스 자체는 단지 2차원(때로 3차원의 세계)의 세계만 갖
고 있기 때문에, 영혼이 소유한 무한한 차원(4차원 이상의 세계)을 만
족시켜 줄 수는 없고, 분명히 우리는 어떤 명성을 위한 경주로도 움켜
쥐는 손가락 사이로 모래가 빠져나가듯 하는 부와 명예의 광적인 추구

로도 진정한 내적 평안을 찾을 수 없다.

완전한 행복의 환상을 가장 강렬하게 전달하는 감정, 즉 남녀 간의 최고의 사랑의 경지에서도 내적인 평화를 찾을 수 없다. 사랑이 끝나면 환멸이 찾아오기 때문이다.

조지 이스트만은 가난한 집안에서 태어났기에 불행히도 정상적인 학교 교육을 받을 기회가 거의 없었다. 그러나 그가 설립한 회사 이스트만 코닥은 세계에서 가장 큰 필름(Film) 생산업체로 성장했다. 그러나 그는 노년이 되어 외로운 나날을 보내던 중 더 이상 성취할 것이 없다고 판단되었을 때 자살을 택했다. 그에게 있어서는 오로지 성취만이 인생의 목표였다.

미국의 헤밍웨이와 일본의 야스나리 모두 노벨문학상을 수상한 대가였지만, 더 이상 쓸 작품이 떠오르지 않자 자살했다.

인생에 있어서 진정한 행복은 '무엇을 해냈다'라는 성취감에서 오는 것이 아니고, 내 마음 깊숙한 곳에서 오는 내적인 평안에서 온다는 평범한 진리는 매튜 아놀드의 주옥같은 시 〈에트나 위의 엠페도 클레스〉에서 발견할 수 있다.

그리스의 철학자 엠페도 클레스는 화산 꼭대기에 올라가, 어지러운 세상을 내려다보고 독백하면서 인간이 갖는 비애를 노래했다.

"우리는 마음속에 평화가 있으나 그것을 들여다 볼 수 없네…."

'그것을 들여다 볼 수 없네'라는 어구에서 인간의 완고성이 '엠페도 클레스'의 예리한 표현에 의해 여지없이 발가벗겨진다.

우리는 마치 병든 것을 알면서도 고통스러운 치료의 처방을 받아들이지 않으려고 하는 우둔한 환자와 같다.

거울에 우리의 창백한 모습을 비춰 볼 때 과연 나의 모습이 다 나타나는가?

아니다.

사실 우리의 내면세계를 들여다본다는 것은 쉬운 일이 아니다. 그러나 그 방법은 반드시 있다. 불자(佛者)들은 명상을 통해서 인간의 내면세계를 들여다본다.

나는 나를 억누르는 고통을 침묵 속으로 집어넣고 내 내면세계를 들여다본다. 그리고 침묵이라는 언어를 통해서 대화를 한다.

종교에 있어서 영적인 묵상은 언제나 자각에 이르는 통로가 되어 왔고, 깊이 생각하는 영혼에는 풍부한 보상이 기다리고 있다. 내적 묵상의 고고한 가치를 이해하기 위해서는 자신과 혼자 있는 시간을 가지라.

고독 속에 머무는 자유, 그 속에서 내 내면의 세계를 들여다 볼 수 있지 않겠는가.

눈을 감고, 심호흡을 한 번 해 보자.

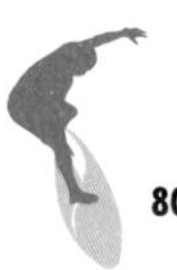

⑳ 모든 위대한 진리는 불경(Blasphemies)으로 시작된다

2008년도 노벨문학상을 받은 장 마리 르 클레지오는 프랑스 당대 문학을 대표하는 작가이다. 그가 추구하는 것은 인간의 정체성에 대한 존재론적 탐색이나, 그러기 위해서는 그는 멕시코, 파나마, 아프리카, 브라질에서 아직도 살고 있는 원주민들과 만나서 대화함으로써 서구 문명의 그림자와 인간존재의 의미를 찾고자 했다.

나도 하와이에 와서 원주민들과 만나고 대화하고 친구같이 지냈지만, 내가 찾고자 했던 것은 찾을 수 없었다.

작가 클레지오는 서구 과학기술과 물질주의의 허영에 대한 불신, 권위주의에 대한 반항, 아프리카에서 부당한 경제적인 이권을 둘러싼 서구 국가들의 정치적 술수에 대한 날카로운 비판의식을 갖고 원주민들을 대했다.

그러나 그가 찾고자 했던 것은 찾을 수 없었다. 그는 자연 그대로 보존되어 있는 원시림 속에서 솟아 나오는 한 아름다운 이름도 없는 꽃의 향기 속에서, 잔잔히 흘러 내려오는 개울물 소리에서, 그리고 우리가 자연과 어우러진 삶 속에서 우리들의 존재의 모델을 발견했다고 서술했다.

이런 의미에서 지금까지 찾아 헤매었던 절대 진리의 실마리를 자연과 어우러진 삶 속에서 찾을 수 있다고 본다.

자연이 말하는 묵시적인 언어의 비밀을 풀었을 때, 다른 차원의 지평선을 보게 된다.

신은 오직 자연을 통해서 자신을 계시하신다는 신학자 에밀 브루너(Emil Brunner)가 펼치는 지평을 보라.

하나님은 선량한 사람들의 보잘것없는 일상생활 속에서 매일 나타나신다. 하나님에 대한 견해를 사람의 최소단위인 가족사회에 두고, 무한의 영역까지 확대시키는 것은 좋은 태도라고 할 수 있다.

우리는 감히 하나님을 투영해 보았다고 말하기보다는 오히려 우리는 그에게 대항한다. '대항'이란 말은 교인들은 이해하기가 당황스러울는지도 모르지만, 현대와 미래의 종교에서 매우 의미 있는 단어이다.

이것은 본성적으로 진리를 요구하고, 사랑을 창조하고, 정의를 추구하는 신의 속성에 대항하는 것을 의미한다.

우리는 사랑과 동정과 상호관계에 자주 직면하는데, 그것은 중력의 법칙과 같다. 그것은 세상을 위한 하나님의 공급체로서 존재한다.

창세기에 등장하는 야곱은 하나님과 만나기 위해서 하나님을 대항
했다.

"모든 위대한 진리는 불경(Blasphemies)으로 시작한다."
버나드 쇼의 이 말은 위대한 사람들일수록 하나님이 갖는 모든 속
성에 대항한다는 뜻이다. 왜냐하면 그들은 자기네들이 모르는 것에 대
해 그것을 알기 위해서 신의 속성에 대항하기 때문이다.

하나님은 인간의 마음을 사로잡기 위해서 시간과 공간 속에 자신을
나타내셨다. 그는 고통당하는 자들이 대항해 오는 것을 긍정적으로 받
아들이고, 논쟁하시며 때로는 져 주시기도 한다.

스위스 태생인 신학자인 칼 바르트는 "신은 전적인 타자"라고 말했
다.

사실상 우리는 결코 하나님을 정확히 정의할 수 없다. 왜냐하면 우
리 인간은 너무나 유한한 존재이며, 우리의 언어 또한 정확치 않기 때
문이다.

우리가 하나님의 존재를 설명하기 위해서는 은유와 유추를 사용해
야 할 것이다.
많은 사람들이 이해 못하는 것은, 우주에 대한 우리의 과학적인 묘
사가 종교적인 기술처럼 은유적일 때이다.
사람들은 자신들의 사회를 '거대한 기계'라고 부를 때, 매우 정확하

고 과학적이라고 생각한다.

　이것이 유추나 은유가 아니고 무엇인가?

　우리는 그가 창조한 자연의 장엄함과 우리들의 마음이 맺는 결실 안에서 그리고 원자의 법칙과 인간의 목적 안에서 행동할 때 하나님과 만나게 된다.

　오늘날 하나님과의 관계에서 정신적인 성숙을 요구하는 많은 주장들이 있다.

　특히 호킹 교수는 그의 저서 『과학과 하나님의 사상』에서 다음과 같이 중요한 말을 했다.

　"하나님은 나의 개인적인 소망을 들어 주는 시종이 아니다. 그는 자신이 세운 자연 질서를 인간의 목적을 위해 깨지 않는다. 모든 사려 깊은 종교적 양심은 하나님의 행동을, 원시적인 견해가 폭 넓은 의미의 틀을 가정하는 것보다 덜 물리적인 형태로 간주하는 경향이 있다.

　즉 우리는 하나님을 가치의 질서 속에서 객관성의 요소로 생각해야 한다. 하나님은 정의에 대한 우주적인 요청이자 정상적인 생활의 율법이다…"

　나는 하나님은 구원의 능력이라고 믿는다. 나는 자연과 인간의 본성, 이웃과의 교제, 악이 사라지고 선이 승리하는 모든 움직이는 세계에서 그의 모습이 현시된다고 믿는다.

　하나님은 성장의 고통과, 슬픔의 근원, 사고의 내력, 그리고 사람과 우주를 함께 묶어 주는, 모든 실현의 법칙 안에 존재하신다고 믿는다.

21 하나님이 창조한 것 중에 신성하지 않은 것이 없다

개 짖는 소리를 내는 모래….

카우아이는 하와이 군도의 동서부에 있는 섬 중의 하나로 호놀룰루부터 120km 떨어진 곳에 위치해 있다. 나힐리 만을 따라 계속 불어오는 바람에 의해 약 18m의 높이로 쌓아 올려진 이 모래 언덕은 800m 길이로 뻗어 있고 흰색의 모래는 산호와 조개껍질과 유충의 껍질 등으로 뒤섞여 있는데, 밟으면 개가 짖는 것과 같은 특이한 소리를 낸다.

또한 밟을 때뿐만 아니라, 손으로 한 움큼의 모래를 집어 흩뿌릴 때도 같은 소리를 낸다고 한다. 물론 그 소리는 더위의 정도, 모래의 건조상태, 그리고 마찰되는 양에 따라 다양하며 모래가 마르면 마를수록, 소리는 더 크게 들리고 사람이 달려가는 발자국 소리는 천둥소리처럼 들릴 때도 있다고 한다.

하와이 섬에 사는 혹등고래(Humpback Whale)는 봄이 되면 플랑크톤이 가득한 물을 찾아 알래스카로 길을 떠났다가 늦은 가을에 따뜻한 하와이로 다시 돌아와 짝을 찾아서 사랑을 한다고 한다.

하와이에서 혹등고래의 인기는 말로 표현할 수 없을 정도로 열광적이며, 세계 각지에서 이 고래의 출현을 보기 위해서 모여든다.

전세 비행기까지 동원해서 오는 열혈 팬들도 있다고 한다.

태평양 한 가운데서 연출하는 혹등고래의 묘기는 세상 어디를 가든 이런 장관을 볼 수 없을 것이다. 가벼운 기분으로 참가한 관광객도 실제로 혹등고래의 모습을 보면 그들의 표정이 순식간에 바뀐다.

상상을 뛰어넘는 집채만한 크기, 에너지 넘치는 움직임, 바다 속, 땅 속까지 울리는 소리, 이 울음소리는 바다 표면을 뚫고 나와 하늘까지 울려 퍼진다.

해수면을 총알처럼 빠르게 뚫고 물위로 올라서 그 거대한 몸 전체를 하늘 높이 띄웠다가 사방으로 굵은 물줄기를 튀기면서 물속으로 꺼지는 검은 빛으로만 뭉친 실루엣(Silhouette)의 향연을 보면 온몸에 전율을 느끼며 소리 지른다.

와우…. 검은 색의 아름다움이여.

킬러고래는 대여섯 마리에서 50마리씩 무리를 지어 생활하는데, 킬러고래의 소리는 곱사고래의 울음소리와 달리 시간에 따라 변하지 않는다.

한 무리에 속하는 고래들은 모두 같은 소리를 내지만 혈연적으로 가까운 다른 무리에 속하는 고래의 소리와도 미묘한 차이가 있다.

고래의 생태를 연구하는 과학자들은 두 무리가 혈연적으로 얼마나 가까이 연결되어 있는지를 소리의 차이로부터 알 수 있다고 한다.

곱사고래의 울음소리는 고압 천공기의 소음에 버금가는 120데시벨이나 되어서 근처에서 수영하는 사람이 그 소리를 견뎌내지 못할 정도이다.

또한 청고래의 사랑의 정상에서 부르짖는 소리는 188데시벨로 살아 있는 동물이 낼 수 있는 가장 큰 소리다.

하와이의 오색찬란한 꽃들과 새들, 철렁거리는 바닷물소리, 7색의 무지개, 화씨 85도의 쾌적한 온도, 태양이 내려 쪼이지만 그 열기가 시원한 바람으로 변하여 불어오는 지상낙원 하와이―.

주홍빛으로 저녁 하늘을 불 지르고 사라지는 태양의 아름다움이 그 절정을 이룬다.

이것은 아름다운 여인의 주홍빛 치마를 쭉 짖고 그 속살을 보는 것처럼 황홀감의 극치를 이룬다.

도대체 지구 위에 이렇게 신기하고 아름다운 해변이 또 있겠는가 생각하게 만든다.

신혼부부들은 계속해서 감탄사만 부르짖고 있다.

오! 파라다이스….

바다는 율동적이지만 물결은 하얀 색의 유리잔처럼 투명하게 빛나는 파도소리는 섬세하고 화려해서 피아노의 마술사 리스트의 피아노곡을 듣는 것 같았다.

맨 발로 모래사장을 걸으니 촉감은 보드랍게 느껴지지만 온 몸을 자극하는 육감적이었다.

오, 멋진 신세계여!
이 말은 올더스 헉슬리의 소설의 제목이지만 섹스피어의 작품 〈템페스트(Tempest)〉에서 나온 말이다.
내가 하와이를 처음 만났을 때, 나는 이 소설 속의 주인공인 소녀 미란다처럼 소리를 지르지 않을 수 없었다.
오, 멋진 파라다이스여!

내 내면에서 타오르는 불꽃의 에너지가 나를 성난 황소처럼 하와이를 운전하면서 숨겨놓은 보물을 찾듯이 다녔지만, 아직도 내가 가 보지 못한 새로운 하와이는 내가 찾아오기를 기다리고 있다.

자연은 말이 없다. 그러나 침묵이라는 언어를 가지고 인간과 대화하기 위해서 접근해 온다. 자정 무렵, 막 지나가는 날과 서서히 밝아오는 날 사이에 가로막힌 시간의 커튼은 막 찢어져 내리고 있다.

하와이가 아니더라도 이 세상 어디를 가더라도 그가 창조한 사물이 아름답고 신비스럽고 신성하다는 것을 자연적으로 알게 되어 감탄이 나온다. 이렇게 자연의 아름다움 속에서 하나님의 지문을 찾기는 매우 쉬운 일이다.
그러나 보다 중요한 것은 우리가 보기에 추한 것, 더러운 것, 병든 것들, 모든 부정적인 것들 속에도 하나님의 신성함을 발견해내는 눈이 필요하다.

나는 아프리카 말라위(Malawi) 어느 시골 빈민촌으로 와서 버스에서 내렸다.

말라위의 지형은 평탄했지만, 3년 동안의 가뭄이 이 땅을 갈라놓았다(인구 1,200만 명, 평균 기대수명 37세).

인간으로 살아남는 것조차 벅찬 이 땅에서 아이들은 엄마의 젖을 통해 고통과 불안을 물려받고 있었다. 아이들은 앙상한 몸에 비해 머리가 너무나 크게 보였다. 어찌나 연약한지 숨을 내 쉬는 것조차 힘겨워했다.

마르고 푸석한 머리엔 혈관이 불거져 나와 있었고, 아이들이 내뿜는 숨소리가 나의 귀에까지 들리는 듯 했다. 푹 꺼져 내린 볼, 멍하니 열린 입술은 슬픔과 분노가 무엇인지도 모르고 허옇게 보였고, 뼈와 피부 사이의 영양분이 몽땅 빠져버린 듯 했다.

나는 나 자신도 모르게 굵은 눈물방울이 떨어져 내려와 얼굴에 얼룩지고 있었다.

나는 아프리카에서 고통으로 얼룩진 어린이들의 눈 속에서 하나님의 신성함을 보았다. 그들이 고통 받고 있기 때문에 나라는 존재는 문명국에서 생활을 할 수 있다는 것을 깨닫게 되었다.

아프리카의 원주민들, 아마존 강 늪지대에서 사는 원주민들, 그리고 당신이 그렇게 만나기 싫어하는 그 사람까지도, 모두 하나님께서 창조하셨기 때문에 그들은 축복을 받을 자격이 있다. 그들에게 우리 먼저 다가가서 존경과 경의로운 언어로 사랑을 해야 할 것이다.

아프리카의 어린이들, 그들은 아름다운 천사이다.

22 인간의 내면세계에서 신의 형상을 찾아볼 수 있지만, 그 속에 사나운 짐승이 도사리고 있다

시인 하이네는 행복에 관해 반농담조로 말했다.

"나의 소원은 편안한 침대와 충분한 음식, 꽃으로 덮인 창문, 문 앞에 아름답고 키 큰 나무가 서 있는 작은 통나무집을 갖는 것이고, 그리고 하나님께서 나에게 완벽한 기쁨을 주기 원하신다면, 그 나무에 나의 원수들이 매달리는 것을 보는 즐거움도 제공하실 것이다."

하이네의 소원 뒤에는 오싹하리만큼 무서운 진실이 숨어 있다. 많은 사람들은 적이 패배당하고 벌 받는 것을 보고 싶어 한다. 또한 많은 사람들이 친구나 가족에 대해서까지 이러한 느낌을 가지고 있다는 것은 아이러니컬한 사실이다.

인간의 영혼에는 은밀한 이중성 경향이 있는데, 그것은 거의 동등한 힘으로 동시에 같은 대상을 사랑할 수도 있고 미워할 수도 있다는 것이다.

우리 사회는 이것을 어렴풋이 깨닫는다. 사회는 문명이 인간 상호간의 일차적인 적개심 때문에 끊임없이 위협당하고 있다는 것을 반쯤은 깨닫는 것 같다. 그러므로 이웃을 자기 자신처럼 사랑하라는 것은 관념적인 명령이 아닐까?

1099년 십자군은 예루살렘을 점령하고 유대인을 교회당으로 밀어 넣고 태워 죽였으며, 청교도들의 후예들은 인디언들을 파티에 초청한다고 각 지역에서 오게 하여 텐트 속에 집어넣고 불태워 죽였다.

1945년 알제리에서 폭동이 일어나서 프랑스인 103명이 살해되었는데, 이에 대한 보복으로 프랑스는 비행기로 마을을 공격하고, 순양함으로 해안 도시를 공격해서 학살, 윤간, 약탈, 방화를 함으로써 5만 명의 알제리인들을 살해했다.

1881년 알렉산더 2세가 암살되자 유태인들에게 그 죄를 뒤집어씌워 감금, 폭행하거나 집과 소유물에 불을 지르고 사형(Lynch)하기도 했다.

B.C. 586년에는 신바빌로니아의 왕 느부갓네살은 예루실렘을 공격하여 유태 왕국을 멸망시키고 국왕과 주민들을 바빌로니아로 끌고 왔다. 그때 유태인들의 코와 혀는 낚시바늘로 꿰어져 있었다.

유럽 인구의 1/3을 죽인 흑사병이 독일 쾰른을 휩쓸고 있었을 때 그 속죄양으로 유태인들을 웅덩이에 집어넣어 불을 질러 죽였는데, 이때 희생된 유태인의 수는 100만 명이 넘었다.

우간다에서는 이디 아민 독재자가 30만 명의 동족 살육을 자행했고 캄보디아에서도 크메르 루즈가 200만 명 이상 동족 살해를 감행했다.

1973년 미국 텍사스에서 있었던 전기톱 대학살(Chainsaw massacre) 사건을 보라. 사람을 전기톱으로 썰어죽이고 가죽을 벗겨 자기 몸에 패치(Patch)하고 다니는 인간, 과연 그를 인간으로 볼 수 있을까?

1529년 스페인의 원정대가 멕시코에 도달해서 처음 본 것은 인간을 살육하는 인간 도살장의 진경이었다. 수많은 인간을 희생시켜 그들의 신에게 바친 흔적을 찾아볼 수 있다.

멕시코의 원주민인 아즈텍(Aztec) 인디언들은 그들이 신봉하는 신들의 양식으로 매일 밤 인간의 피를 바쳤다고 한다.

이러한 야만적인 제사에 1년에 적어도, 25,000명 이상의 인간이 희생된 것으로 보인다.

1946년 나치가 수감된 사람들을 실험용 쥐처럼 사용하였다는 사실이 한 시민에 의해 폭로되었다. 나치는 인체의 항생 작용을 관찰하기 위해 건강한 죄수들에게 장티푸스, 홍역, 디프테리아, 말라리아 등 병원균 주사를 놓았다.

뿐만 아니라 엑스레이 광선으로 인해 신장기관이 어떤 영향을 받는지를 관찰하기 위하여 수감자들에게 엑스레이 광선을 오래 쏘인 다음, 2주에서 4주 후에 죽여 시체를 해부했다.

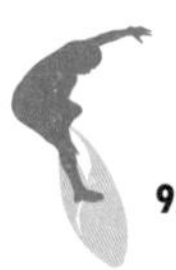

또한 인체 근육과 장기 이식 실험을 위해 멀쩡하게 살아 있는 죄수들의 팔, 다리를 마취도 하지 않고 절단하기도 했다.

이런 식으로 죽은 사람들은 5,000명에 달한다고 한다. 결국 훗날, 그들 중 12명의 나치들은 살인죄로 수감되었고, 그 중 7명은 종신형, 그리고 나머지 3명은 실형을 선고 받았다.

동물 행동학자 콘래드 로렌츠(Konrad Lorenz) 박사에 의하면, 대량 학살할 때나 어떤 형태이든, 살인행위 이면에는 동물의 공격적인 본능(유전자)에서 온 잔인성에 기인된다고 말했다.

일본사람들의 대표적인 애니메이션인 〈원령공주〉의 이야기에 의하면, 이리에 의해서 양육된 소녀 '산', 그녀가 보여 주는 짐승의 성격, 짐승의 생활방식, 이것은 단순한 21세기를 사는 인간들의 상상력과 재미에 어떤 자극을 주기 위해서 만들어진 것이 아니고, 먼 옛날 우리들의 조상들이 가졌던 원시적인 정서를 그리워하는 피가 우리의 몸에 흐르고 있기 때문이다.

우리 인간의 마음속에서 하나님의 형상을 찾아 볼 수가 있지만, 그러나 인간 내면 한 가운데에는 짐승이 도사리고 있다. 인간 내면세계에 있는 양면성, 하나님을 닮은 모습과 짐승의 모습, 어느 한 쪽도 부정할 수 없는 극에서 극으로 달리는 인간의 참 모습이라고 할 수 있다.

우리는 그래도 희망이 있다.

나는 서울 인사동 거리를 너무나 좋아한다. 그것은 그곳에 다양한 맛과 분위기를 내는 찻집이 있기 때문이다.

세계 최초의 커피하우스는 1652년 런던에서 시작되었고, 한국에서는 1895년 을미사변 때 러시아 공사가 고종황제에게 시음하게 한 것이 처음이다.

고종이 커피를 좋아하자 궁중고관들이 애용하게 되었고, 1925년 서울 종로에 다방이 처음으로 생겼는데, 커피 값이 너무 비싸서 부유한 사람들만 멋으로 마셨다고 한다.

한국 최초의 신여성이며 오페라 가수인 윤심덕이 종로 다방에서 커피를 즐겨 마셨다고 하는데, 한복이 아닌 양장으로 멋을 부리고 나타나면 검은 색 바지에 흰색 재킷을 입은 웨이터가 나타나서 커피를 주문받았다고 한다.

커피하우스란 커피를 마시는 것 이상의 것을 의미한다.

파리(Paris)는 프랑스 최고의 멋쟁이 엘리트들이 모이는 〈플로르〉와 〈마고〉라는 카페가 상제르망에 위치해 있다. 이곳에서 사르트르는 실존주의 문학을 시작했고 나치에 대항해서 싸울 수 있는 동지를 만나 지하당 조직을 했다. 이중간첩 마타하리도, 〈마고〉에서 주로 간첩활동을 시작했다. 그리고 카뮈, 보바르, 미테랑 대통령(젊었을 때), 샤넬, 여배우 시몬 시뇨레 같은 거물급 인사들이 좋아했던 곳이다.

이들은 커피를 마시려고만 오는 것이 아니고, 커피 한 잔 속에 일그러진 삶을 녹여서 다시 태어나는 새로운 삶을 맛보기 위해서이다.

미지의 젊은이가 당신에게 "커피 한 잔 하실까요?"라고 한다면? 기뻐하세요.

내가 하와이에 가서 살면서 수많은 멋있는 지성이 넘치는 사람들을 만났는데 그중에서 가장 인상적인 독일 신사 같은 권득주라는 지성인을 만난 것이다.

그는 새벽 4시에 유리 창문 밖에서 노래 부르는 새 소리에 잠이 깨면 책을 읽는다고 한다.

종교는 지금까지 그래왔던 것처럼 편협하고 폭력적으로 되어가고 있는 것인가? 우리는 이런 질문을 가지고 그 답을 찾기 위해서 대화의 광장을 열었다.

리처드 도킨스의 『이기적인 유전자(The Selfish Gene)』, 『만들어진 신(God Delusion)』, 데이비드 밀즈의 『무신론자의 우주(Atheist

Universe)』, 그리고 크리스토퍼 하친스의 『신은 위대하지 않다(God is not great)』 등…. 이런 책들 속에서 독버섯처럼 솟아오르고 있는 무신론적 과학적인 논리가 기독교를 비판해 오고 있다.

이들은 기독교의 조직 신학이나 그 체계에 대한 비평보다는 종교의 폭력적 성향에 대해서 신랄하게 비평했는데, 많은 공감대를 만들고 있는 것만은 사실이다.

특히 리처드 도킨스의 『이기적인 유전자』에서도 그랬듯이 『만들어진 신』에서도 인간이 갖는 취약성과 본질적인 약점 때문에 그것을 감추기 위해서 신을 만들어 낼 수밖에 없었다고 했다.

지성인 권득주는 무신론자들의 공격의 최전선에서 싸우고 있는 자신의 내면세계에서 활활 타오르는 불꽃을 보았고, 그의 논리는 외과의사가 손에 쥔 메스처럼 날카로웠다. 우리는 기아모구(Keeaumoku) 거리에 있는 카페에서 커피 한 잔을 시켜 놓고 대화의 광장에 횃불을 타오르게 했다. 가는 시간을 마냥 붙잡고 있었지만, 벌써 저녁하늘에는 붉은 색의 노을이 지기 시작했다.

홈리스들은 저녁이 되면 무엇을 생각할까?

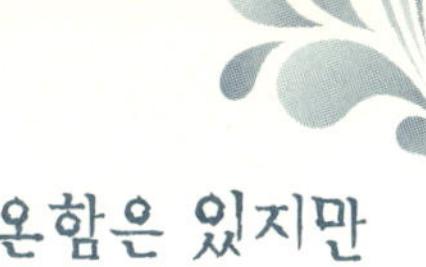

24 동물의 영혼에는 평온함은 있지만 영혼의 속삭임은 없다

카파올라니 파크에 들어서자마자 보이는 곳이 호놀룰루 동물원이다.

이 동물원은 세계에서 제일 큰 미국 샌디에이고에 있는 동물원과 비교할 만큼 대단하지는 않지만 다른 동물원에서 찾아볼 수 없는 하와이주의 새인 네네를 비롯하여 신기한 열대 조류나 양서류가 있다.

이곳에서 나는 고릴라, 보노보, 기본 같은 원숭이과 동물과 그리고 곰, 기린, 타조, 사자들의 눈을 쳐다보았다.

우리 인간은 왜 동물과 같이 땅을 나누어 쓰며 공존해야 하는가? 생물 다양성이 왜 중요한가? 조그마한 곤충 한 종의 멸종이 인류의 생존을 위험스럽게 만들 수 있다.

이것은 지구상의 모든 생물의 생명은 서로 연결되어 있기 때문이다.

그렇다면 동물은 인간과 평등한가? 동물윤리학자들이나 힌두교나 불교 근본주의자들은 인간과 동물사이의 수평적 가치를 주장하고 있지만, 동물은 창조과정에 있어서 인간과 평등하게 태어나지 않았다.

아리스토텔레스는 동물은 인간을 위해서 존재한다고 했고, 칸트 같은 철학자는 동물이라고 해서 함부로 대해서는 안 된다고 했다.

생물 다양성 보고서에 의하면, 2010년 현재 조류 1만여 종 양서류 6만여 종, 포유류 5,000 여 종이 멸종위기에 처해 있다. 이것은 인류의 생존을 위협하는 신호이다.

침팬지의 얼굴을 쳐다보았다.

조용하고 잔잔하고 고통 받지 않으며 평화로운 것을 볼 수 있었지만 고통 받는 영혼의 모습을 볼 수 없었다. 부처의 가장 큰 특징은 그 얼굴에 나타나는 평온한 표정이지만 고통 받는 인간이 갈구하는 모습은 볼 수 없다. 미풍 속에 잔잔한 물결은 평온하게 보이지만, 폭풍 속에서 물결치는 파도처럼 강렬한 도전을 받지 못한다.

미국의 시인 엘리노어 휠리는 눕자마자 잠드는 평온한 어린 양에 대해서 썼고, 월트 휘트먼도 차라리 동물이 되어 평온한 말이 없는 상태에 있고 싶다고 했다.

오래된 그림 속에 있는 성모 마리아의 평온한 표정은 감동스럽다.

어머니의 팔에 안겨 잠든 어린아이의 평온한 모습은 너무나 천진난만하게 보인다. 그러나 강풍이 지나간 이후에 찾아오는 잔잔한 물결을 만드는 미풍처럼 평온한 것은 없다. 사람들은 종종 감정적인 폭발이나 격렬한 논쟁 끝에 조용해진다. 오랫동안 박수소리가 들린 후에 연설가가 침묵의 신호를 보내면 박수소리는 잠잠해진다.

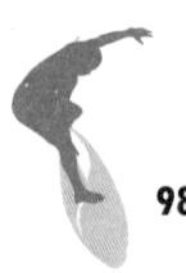

영국의 시인인, 로든 노엘은 이렇게 썼다.

"전투 후에 오는 잠이 최고로 달콤하고, 소란함 뒤에 오는 평정……"

고양이를 한 번 키워보라. 사람을 똑바로 쳐다보며 울부짖을 때 고양이의 큰 눈을 동그랗게 뜨고 이쪽을 바라보는 모습은 인간의 언어로는 도저히 설명할 수 없는 모습을 보게 된다. 그 표정은 인간의 편에서 볼 때 도저히 해석 할 수도 없는 짐승들의 정서와 감정이 따로 존재할지도 모른다는 생각이 들 때가 있다.

도살장으로 들어가는 소를 보라. 인간을 위해서 죽도록 일을 하다가 인간을 위해서 가죽과 고기를 남기기 위해서 도살장으로 들어가지 않으면 안 되는 소의 모습을 보라.

영화 〈21그램〉으로 유명한 알레한드로 곤잘레스가 감독한 영화 〈아모레스 페로스〉를 보라.

'개같은 사랑'이란 뜻이 된다. 비루한 인간의 욕망과 탐욕 그리고 이기주의 앞에선 차라리 개만도 못한 것이 인간이라는 것을 보여주고 있는 영화라고 할 수 있다.

이 영화에 나타난 개들은 사소한 욕망과 고통 사이를 허겁지겁 쫓아가는 추한 인간의 모습보다는 때로는 근엄하게 보일 때도 있었다. 사람들처럼 짐승들의 눈빛은 빛나지도 않고 표정이 없어 인간의 두뇌로서는 읽을 수가 없었지만, 다만 때가 되면 떠오르는 햇살처럼 보인다.

까치는 물 속에 비친 자신의 모습을 알아보며, 원숭이는 새끼에게 사는 법을 가르친다. 인간처럼 후회도 한다고 한다. 아마도 동물들도 생각하고 느낄 수 있어 교감작용을 할 수 있다고 한다.

그래서 가끔 우리는 짐승 같은 본능이 간헐적으로 나타나는 것을 보게 된다. 동물이 진화되어 인간이 되었다는 이야기는 아니다. 아마도 동물이 진화되어 인간이 되는 데는 200억 년이 걸려도 모자랄 것이다. 진화한다는 것은 자연 선택으로 이루어지는 것인데, 한도 끝도 없고 어디로 갈 것인가 하는 방향도 불투명하다. 동물 같은 인간, 직립인간(Homo erectus)에서 어디로 갈지 몰라 갈팡질팡하며 머무르고 있던 인간이 아니었는가.

윌리암 틴들(William Tyndale)은 자국어인 영어로 성경을 번역했다는 이유로 가톨릭교회에 의해서 1536년, 분형에 처해졌다

만약에 사람들이 외국어인 라틴어 대신에 영어로 성경을 읽는다면, 성경의 핵심을 알게 되어 자신들의 독립적인 기독교에 대한 진정한 의미를 알게 될 것이고, 현재 기득권자들인 교황이나 당시 종교 지도자들이 비성서적인 길로 가고 있다는 것을 알게 될 것을 우려한 가톨릭 성직자들의 직업 안보에 대한 반응이었다.

평신도들이 거추장스러운 중재자들 없이 직접 하나님과 대화할 수 있는 통로를 차단하기 위해서도 성경이 사람들에게 노출되어서는 안 되기 때문이다.

성경은 가톨릭 성직자들의 전용물이었다. 틴들은 가톨릭교회에 의해서 체포되어 교수형에 처해진 다음에 화형대에서 또 한 번 화형에 처해졌다.

종교재판은 수많은 죄 없는 사람들을 마귀와 섹스했다는 죄명으로 죽였다.

아우구티누스는 악마가 간통자가 될 수 없다고 주장했는데, 그는 종교 재판의 아성을 뚫지 못했다. 종교 재판관들은 악마의 표시가 일반적으로 가슴이나 은밀한 부분에 나타난다고 믿었기 때문에, 남성 재판관들은 피고의 음모를 깎고 생식기를 세밀히 조사했다.

20세의 젊고 용감스러운 잔 다르크도 악마와 성 관계를 가졌다는 이유로 화형을 당했다. 그녀가 화형의 현장에서 쓰러지기 전에 사형 집행인들은 그녀의 옷에 불을 붙인 다음 불을 끄고 구경꾼들이 이 여자의 은밀한 곳을 보게 했다.

이러한 종교 재판관들의 비행은 누구 하나 꾸짖거나 비난하는 사람이 없었다.

이들의 성은 너무나 강하기 때문에 계란으로 바위를 치는 것이었다.

나는 교회사에서 가장 멋있고 용기 있는 사람인 아타나시우스를 좋아한다.

그는 325년에 29세의 젊은 나이로 정식 회원이 아닌 알렉산드리아의 감독의 비서 자격으로 콘스탄티누스 1세에 의해서 소집된 〈니케아 공회〉에 참석했다. 그는 빗발치는 아리우스파의 공격의 대상이 되었다.

그럼에도 불구하고 초대 교회의 교부인 오리겐의 지지를 받는 아리우스의 웅변적인 주장을 산산이 깨어 부술 수 있었다. 그의 문장력과 예리한 사고력은 니케아 공회에 막대한 영향을 끼쳤다. 그는 드디어 328년에 알렉산드리아의 주교가 될 수 있었다.

그는 17년 동안 도피와 은둔생활을 통해 다섯 번이나 유배를 당했지만 끊임없는 노력으로 거의 아타나시우스 혼자서 기득권자들의 성을 깨어 부순 셈이 된다.

34세의 마르틴 루터는 1517년 교황 레오 10세가 면죄부(Indulgence)를 발행해 돈으로 천국 가는 티켓을 팔고 있다는 데 분개하여, 비텐베르크 교회 문에 95개조에 달하는 항의문을 게시하고 기득권자의 성을 공격했다.

가장 악하고 무능한 자를 허깨비 영웅으로 만들어, 자기네들의 이득을 취하는 자들의 성, 기득권자들의 성은 깨어져 내려야 한다.

제3장

사랑·섹스의 가면극

섹스피어의 『로미오와 줄리엣』에서 두 주인공들이 그들의 사랑이 죽음으로 끝난다는 것을 알고도 사랑한다.

폰 슈트라스 부르크의 1210년에 출간된 『트리스탄과 이졸데』는, 주인공들이 겪는 고통과 사랑은 죽음 그 자체임을 알고서도 사랑하는 것은 이들의 사랑은 죽음으로써 완성된다고 믿었기 때문이다.

톨스토이의 『안나 카레리나』에서 안나와 브론스키를 연결시키는 것은 사랑의 격정이다.

지극히 도덕주의자인 그가 어떻게 이런 사랑의 이야기를 썼는지 의문스럽다.

『햄릿』에서 두 주인공인 햄릿과 오필리아가 모두 자살함으로써 사랑을 완성하고자 했다. "밤하늘에 별이 반짝이는 걸 의심할지라도, 저 하늘에 태양이 움직이는 걸 의심할지라도, 설령 진실을 거짓이라 의심할지라도, 내 사랑만은 의심하지 마시오.

사랑하는 오필리아! 나는 시를 잘 쓰지 못한다오. 따라서 어떤 말로 이 뜨거운 가슴을 표현할 수 있겠소. 하지만 어느 누구보다도 그대를 사랑한다는 걸 믿어 주시오. 이 생명 다 할 때까지 목숨처럼 사랑하는 그대여!"

『오델로』에서도 주인공은 사랑을 죽음으로 승화시키고자 했다.

프로메테우스의 불씨를 내 어디에서 찾아낼 수 있겠는가?

인도신화에 등장하는 비슈누의 아바타(화신)인 크리슈나는, 1만 6,108명의 부인을 거느리고 매일 밤 그녀들의 규방을 찾아가 그녀들과 사랑을 했다고 한다.

햄릿과 오필리아, 로미오와 줄리엣, 안나와 브론스키, 그리고 트리스탄과 이졸데처럼 사랑에 한 번 깊이 빠져 본 적이 있는가?

"나는 그 여자를 사랑해, 나는 그녀와 사랑에 깊이깊이 빠지고 싶어, 그 남자와의 사랑은 특별해…". 이렇게 말하는 젊은 사람들을 만나게 된다.

남녀가 서로 사랑하는 것조차 심리적으로 해부해 보면 주관적으로 강하게 일어나는 어떤 감정이다.

"나는 그대를 사랑해" 라는 말은 내가 당신을 진정으로 사랑한다는 뜻이며, 아주 상상을 초월한 고귀한 사랑의 표시라는 신념은 "내가 당신을 사랑한다는 표현은 '내가 그대와 같이 있을 때만 사랑한다'라는 내면에서 나오는 솔직한 고백에 산산이 깨어진다.

더욱이 사랑에 빠지는 것은 진정한 의미에서 사랑이 아니다. 사랑은 그보다 더 높은 곳에 존재하는 영적인 것이다.

"나는 그녀를 보자마자 첫 눈에 반했어"라는 말은 그 여자의 성적인 매력에 압도되었다는 뜻이다. 이것은 사랑을 의미하지 않는다. 부모는 자녀들을 사랑한다. 목숨까지 버리면서 사랑할 수도 있다. 그러나 부모는 아이들에게 빠진다는 말을 하지 않는다. 부모의 사랑은 오래 동안 지속되지만 남녀 간의 사랑은 어느 때가 되면 탈진한다.

그러기 때문에 데이트 기간이 길어지면 결혼까지 가지 못하고 헤어지게 되는 경우가 많다. 그러나 일단 결혼하면 결혼이란 매개체를 통해서 부부라는 두 개체는 기계처럼 따로 작용하는 것이 아니고, 오히려 부부가 한 사람 한 사람의 역할을 결정하며, 부부라는 공동체는 서로 함께 끊임없이 변해가는 모습을 보게 된다.

참사랑이란, 상대방이 정신적으로 혹은 영적으로 성장할 수 있도록 도와주는 것이다.

우리가 (아무리 아름다운 여자라고 할지라도) 사랑에 빠지면, 순간적으로 황홀해질 수 있지만, 어느 때가 되면 결국 그 사랑에 환멸을 느끼며 빠져나오기 위해서 허우적거릴 수도 있다.

"사랑의 꽃, 너는 곧 시들고 말 장미와 같구나!"

사랑의 성취감은 가슴에서 오지 않는다. 대뇌 아래쪽에 드리워있는 콩알만한 내 분비선에서 온다. 이는 뇌하수체에 의해 분비되고 조절하는 호르몬과 신경작용에서 기인된다. 뇌하수체 종양 때문에 수술

받은 사람은 결코 사랑에 빠지지 않는다.

사랑을 느끼는 감정도 따지고 보면 두뇌에 흐르는 '도파민'이라는 뇌의 신경전달 물질에 의해 이루어진다. 만약 도파민이 뇌에서 분출되지 않으면 사랑이 무엇인지 모르는 삭막한 세상에서 살게 될 뿐만 아니라 이성과 지성의 결여를 나타낼 것이다.

이성간의 열렬히 타오르는 에로스적인 사랑은 뇌에서 흐르는 '페닐에틸아민'이란 신경 전달 물질에 의해서 이루어진다.

페닐에틸아민의 분비는 서로 사랑하는 사람들의 눈을 멀게 하여 장님으로 만들기도 한다.

사랑에 깊게 빠져있는 남녀를 사랑의 희열 속으로 빠져들게 하여 황홀경에 이르게 하는 것은 '베타 엔돌핀'이다.

남녀가 사랑에 빠져 섹스의 희열 속에서 끝없는 만족감을 느끼게 하는 것은 뇌에서 흐르는 '옥시토신'이다.

문학작품 속에서 이들의 사랑은 정신적이든 육체적이든 가슴을 찢는 듯한 고통을 통해서 죽음 속으로 들어가서 승화하려고 애를 쓰지만, 그곳(죽음이 서 있는 곳)에서 사랑의 종지부를 찍고 만다.

사랑이란 격정이기 때문에 오래 동안 지속시킬 수 없으며, 이것은 마치 촛불처럼 스스로를 태워 빛을 발하는 이미지를 갖는다.

사랑은 스스로를 태우며 그 종지부를 찍는다. 그러나 신화에서는 죽음 이후부터 그들의 사랑이 종지부를 찍는 것이 아니고 시작하는 것이 특징이다.

죽은 아내를 만나기 위해서 죽음을 무릅쓰고 죽은 자들이 갇혀 있는 저승세계로 들어가는 〈오르페우스〉의 사랑의 이야기는, 우리의 가슴을 두드리며 눈물을 글썽거리게 만든다.

12세기 최고의 신학자인 아벨라드는 40세에 17세의 아름다운 엘로이즈를 만났다. 그들은 서로 사랑하게 되었지만, 당시 프랑스 정치에 있어서 큰 비중을 가지고 있었던 엘로이즈 가족의 반대로 그들의 불타는 사랑은 벽에 부딪혔다.

엘로이즈 삼촌인 홀버트는 '부전의 터그'라고 불리던 종교 조직의 암살단을 고용해서 아벨라드와 엘로이즈가 숨어있는 파리의 어느 허술한 하숙집을 찾아내어 아벨라드를 거세해 버렸다.

그 후 엘로이즈는 수녀가 되었고, 아벨라드는 『나의 불행한 이야기』라는 책을 저술해서 유럽의 독서계를 풍미했으며, 교황청에서도 몰래 읽혀진 베스트셀러가 되었다.

아벨라드가 1142년에 사망하자, 엘로이즈는 1164년, 63세로 죽을 때까지 22년 동안 그의 무덤을 지켰다고 한다.

그 후 이들은 나란히 파리에 있는 패트 다취쉬 공동묘지에 묻혀서, 이들의 무덤을 보는 관광객들로 하여금 눈시울을 자아내게 하였다.

소설을 써서 베스트셀러 작가가 된 내 친구에게 나는 거침없이 질문했다.

"무엇 때문에 고해 같은 세상을 사는가?"

그는 거침없이 쏜살처럼 내뱉고 있었다.

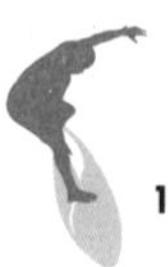

"자네는 그것도 모르는가? 사랑에 빠져보는 것이네. 그리고 그 사랑
이 식으면 또 다른 사랑을 찾아서…. 항상 황홀한 감정 속에는 고해 같
은 것은 없네. 그저 기쁘기만 하지."

"왜 결혼과 섹스는 동행하지 않고 충동할까요?"

수잔(내 택시 손님)이 심각한 표정을 지으면서 말했다.

"『Sex at Dawn』이란 책을 저술한 크리스토퍼 라이언에 의하면, 일부일처제가 실제로 인간본성과 얼마나 동떨어져 있는가를 인류학적 혹은 과학적으로 증명해내고 있지요. 남자들이란 사랑을 위해서 모든 것을 걸지만, 사랑의 절정에 오르는 순간 애정은 점점 식기 시작하지요. 사랑이 깊어짐에 따라 성적 열정은 식는다는 말입니다. 이 얼마나 모순된 일인가요?"

"도대체 사람들은 왜 결혼을 하지요? 사람들이 결혼을 안 하면 인구 감소로 인류문명이 종말이 오게 되겠지요."

"부모와 자식 간의 관계가 평생 우리 인간의 운명을 지배한다고 볼 때 햄릿적인 비극이 아니고 천재 작가 전혜린적 비극이라고 볼 수 있지요. 그녀는 아버지를 숭배하면서도 항상 모반을 꿈꾸어 왔으니까 말입니다. 애증병존이라 말할까요? 자손번영을 위해서 사랑을 해야 된다는 말인가요?"

"사랑은 종의 번식을 위한 위장술이란 말인가요?"

"물론이지요. 그것뿐인가요? 자식을 한 번 키워보세요. 어떤 사람은 자식을 다 키우기도 전에 황혼을 맞게 되지요. 이 세상에서 살아있는 모든 것을 보세요.

모두 자기들의 유전자를 가진 자손을 낳아 대를 잇기 위해서 살고 있는 것이 삶의 목적이 되고 있지요. 프랑스의 작가 알랭 바디우는 '사랑 없는 섹스행위는 자위행위'라고 했는데, 자손을 낳기 위해서 섹스하는 사람들을 보았나요? 섹스를 하다 보니 자손이 생겼지요(그렇지 않은 경우도 있지만…).

베르나르 베르베르의 소설을 한 번 읽어보세요.

우리의 삶, 있는 그대로 들여다보는 것, 보면 볼수록 추악하고 권태로울 수밖에 없어요. 그렇기 때문에 사랑은 자유로워야 된다고 생각해요. 그러나 자유롭게 된다는 것은 그것 때문에 지워질 수 없어 저주의 그림자가 배어 있는 것 같아요. 우리는 일생을 살면서 내가 가장 사랑하는 사람과 결혼하는 것은 아니지요. 그때그때 상황과 환경에 따라 어떻게 되다 보니 결혼을 한 것이지요. 그러기 때문에 결혼한 이후에 다른 이성에게 사랑의 감정을 느껴보지 않은 사람은 거의 없을 것입니다."

우리 삶의 소용돌이가 남겨 놓은 원색 자갈돌은 어둠의 실루엣으로 덮어 안 보이게 하세요. 어두움은 모든 것을 감싸주기 때문에 우리는 어두운 밤이 때로 필요합니다.

섹스란 돌격적으로 일어나는 인스턴트식 욕망인가?
미지에 무엇을 연결시키는 내적인 충동일까?

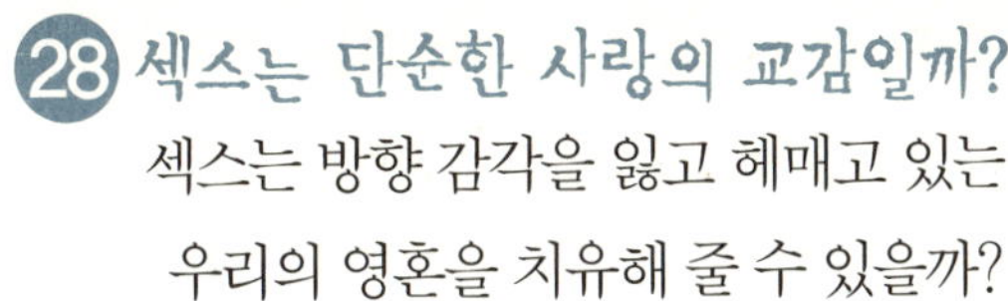

28 섹스는 단순한 사랑의 교감일까?
섹스는 방향 감각을 잃고 헤매고 있는
우리의 영혼을 치유해 줄 수 있을까?

40년 전만 해도 오르가슴이란 단어는 특수지역 사람들만이 사용했던 단어이다.

사실 섹스는 인간의 육체와 정신을 결합시키고 사회의 상류층과 하류층의 경계를 허물어 준다.

D. H. 로렌스는 당시 사람들은 마치 육체가 없고 숭고한 정신세계만 있는 것처럼 행동할 때 오르가슴에 대한 소설 『채털리 부인의 사랑』을 썼다.

미국 작가 헨리 밀러는 『북회귀선』이나 『남회귀선』에서 아주 대담하게 성적인 표현을 하는 데 익숙해 있었다. 섹스가 방향감각을 잃고 헤매고 있는 우리의 영혼을 치유한다는 것이다.

섹스는 단순한 사랑의 교감일까? 그렇지 않다. 성 활동은 심신의 건강을 확실하게 보여주는 건강 진단서이며 행복의 보증수표와 같다.

섹스는 노화를 억제하고 면역력을 높여줘 감기를 예방하며, 긴장감
과 우울증의 치료는 물론 다이어트에도 효과가 있다.

뉴욕 타임스베스트셀러 리스트에 항상 1위로 장식했던 미국 최고의
정신과 의사인 스코트 펙 박사의 『아직도 더 가야 할 길』이라는 책에
서 이렇게 밝혔다.

"사랑과 섹스는 밀접하게 연관되어 있으므로 치료자와 환자의 성적
관계에 대해 언급해 보기로 하자. 정신치료에 있어서 사랑하는 관계가
필연적이므로 환자와 치료자들이 서로 성적인 매력을 강하게 느낄 수
있다. 그러한 감정을 성적으로 성취해버리고 싶은 욕구가 거세게 일어
날 수도 있다. 정신과 의사들은 어떤 환자와 성적인 관계를 가진 의사
를 비난하기도 한다. 그러나 내가 보기에 그렇게 비난을 하는 사람들
이야말로 오히려 환자를 진정으로 사랑하지 않는 치료자이며 성적인
욕구에 대한 무지의 소산이다. 더욱 깊이 생각해서 환자의 정신적인
성장이 성적 관계를 가짐으로써 진전된다는 결론에 이른다면 나는 서
슴지 않고 그런 관계들을 가질 것이다."

두 여자들은 눈이 둥그레져서 어디에다 초점을 맞추어야 할지 몰라
당황해하는 것 같았다. 내리던 비가 멈추고 하늘에는 무지개가 둥글게
떠올랐다.
우리는 알라모아나 해변 공원(Alamoana Beach Park)에 와서 물
에 젖어 있는 나무 벤치에 물기를 닦아내고 앉았다. 작가인 수잔은 주
술 들린 듯한 눈으로 와이키키 해변을 바라보며 거침없는 필치로 글을
쓰고 있었다.

다른 곳에서는 볼 수 없는 조그마한 새들이 노래를 부르며 땅에 내
려오기도 하고 날아서 나무 위로 올라가 앉기도 한다. 새들은 인간을
두려워하지 않고 오히려 친구처럼 정답게 대해 준다.

에게 해에 위치한 산타 마우라의 남쪽 돌출된 곳은 '연인의 갑'이라고 알려졌다. 그곳으로 항해를 해서 성공한 사람은 한 사람도 없다고 한다.

인생이라는 파도를 타는 젊은 서퍼들이여,

그대들은 여기에서 한 번 파도를 타 보면 어떠하겠는가? 한 번 더 도전해 보라. 젊음은 넘어져도 다시 일어날 수 있는 원동력이 그 속에 잠재해 있다.

이곳을 '루카디아의 절벽'이라고 부르는데, 과거 아름다운 처녀들이 이곳에 앉아 노래를 부르면서 근처를 지나가고 있던 뱃사공들을 유혹했다고 한다(싸이렌을 의미하는 것은 아니다).

이 곳에는 당대의 최고 가수라고 일컫는 '사포' 라는 여류 시인이 살고 있었다.

사포는 바람처럼 그리스의 작은 섬들을 돌아다니며 노래를 만들고 시들을 지었다. 비록 전해 내려오는 것은 별로 없지만, 그녀의 시들은 '장미'를 연상시킨다고 한다. 그 중 두 편의 시가 전해 내려왔는데 〈사랑의 여신, 아프로디테에게 바치는 송시〉가 그 중 한 편이다.

그녀의 시는 지난 2,500년 동안 어떤 시인도 표현할 수 없었던 아름다운 사랑 이야기를 노래하고 있다. 관능적이고 감성이 예민했던 그녀는 당시의 모든 제약들에서 벗어나 자유롭게 살았다. 이슬, 비, 그리고 태양 빛을 한 몸에 받으며 그로 인해 만끽할 수 있었던 자유를 시 속에 쏟아 부은 자유 시인이었다.

전하는 이야기에 따르면, 사포는 어린 소녀 제자에게 사랑을 느꼈지만, 그 소녀 제자가 사포의 시녀를 사랑하는 것을 알게 되었을 때, 스스로 루카디아의 절벽에서 떨어져 자살했다고 한다.

따라서 파도가 천둥 번개소리를 내고 굽이치며 절벽의 돌출부까지 솟구치는 이곳, 언제나 세찬 바람이 거친 파도와 어울려 흘러가고 있는 이곳에는 최초의 여류시인이자 이 세상에서 가장 처음으로 동성연애를 했던 사포의 영혼이 숨쉬고 있는 곳이다.

동성연애자들의 질투의 불꽃은 쇠라도 녹일 수 있을 정도로 뜨겁다.

『채근담』에 의하면, 욕정의 길은 한 번 손끝에 적시면 이내 만길 벼랑에 떨어지고, 그 유혹이 꿀보다 더 달기 때문에 만길 벼랑까지 따라가게 된다고 했다. 이것은 욕정의 덫에 걸린 사포를 두고 하는 말이기도 하다. 여자들끼리 비정상적인 사랑의 행위를 총칭하는 'Lesbianism'은 사포가 살았던 섬 '레즈보(Lesbos)'의 이름에서 유래

되었다고 볼 수 있다.

사포는 청춘의 욕정에 정복되어 그녀의 베틀에서 계속해서 새로운 아이디아를 짜 낼 수 없게 되자, 절벽에서 떨어져 파도치는 바다 속으로 떨어져 죽었다고 한다.

고대 그리스인들은 동성애를 허용했을 뿐만이 아니라, 당시 귀족들 간에는 동성애를 이성간 사랑보다 더 고귀하게 여겨 미소년들을 데리고 다녔다는 얘기도 있다. 소크라테스나 아리스토텔레스가 동성애자였다는 사실만 보아도 짐작할 수 있다. 동성애에 대해 오스카 와일드(Oscar Wild)는 '감히 그 이름을 말할 수 없는 종류의 사랑'이라고 표현했다.

오늘날에 와서는 당당하게 동성애자임을 커밍아웃하는 유명인도 늘어나고 있다. 헐리우드 영화에서는 동성애자를 소재로 영화가 쏟아져 나오고 있는데, 〈밀크〉, 〈소년은 울지 않는다〉, 〈헤드워크〉, 〈몬스터〉 그리고 〈Go〉… 등등이다.

오래 전에 상영된 헐리우드 영화 〈자이언트〉 하면 생각나게 하는 사람은 24세에 죽은 제임스 딘과 세계 최고의 여우 엘리자베스 테일러 그리고 세계 최고 미남 배우 록 허드슨이 있다.

허드슨은 동성연애자였기 때문에 잘 생긴 남자들을 집으로 초대해서 비정상적인 성관계를 가졌다고 한다.

1976년 경 그는 에이즈(AIDS)에 감염되어 죽게 되리라는 것을 알게 되었을 때, 많은 사람들에게 이 병균을 전염시키기 위해서, 10대들

과 수많은 동성애적 사랑을 즐겼다고 한다. 그리고 그는 동시에 피를
채혈해서 혈액은행에 보급하기도 했다.

그대들은 동성애자이며, 살인자(간접 살인이라고는 하지만…)인 록
허드슨에 아직도 열광하는가?

30 사랑에 모든 것을 투자하라!
아무 것도 아끼지 마라

에머슨의 시 가운데 한 구절을 소개한다.

"사랑에 모든 것을 투자하고
아무 것도 아끼지 마라.
친구들, 친척, 시간
재산과 명성
계획, 신용과 뮤즈까지도
아무 것도 아끼지 마라."

사람들이 이 단순한 명령에 복종할 수 있다면, 얼마나 빨리 완벽하게 회생될 것인가?

삶의 수레바퀴 속에서 우리는 날마다 얼굴을 마주하는 많은 사람들이 고귀한 영혼을 지닌 중요한 존재라는 사실과, 우리가 누군가를 엎

신여기거나 학대하는 것은 엄청나게 잔인한 죄라는 사실을 인식해야 한다.

하늘의 별들과 태양사이에 중력의 법칙이, 또 이 지구상의 남녀 사이에 사랑의 법칙이 존재하는 것과 마찬가지로 우주에는 인력과 척력(같은 종류의 전기나 자기를 지닌 물체 사이에서 작용하는 두 물체의 서로 밀어내는 힘)이, 그리고 인간 사회에서는 승인과 거절이 함께 존재한다는 사실을 우리는 인식하고 있다.

우리들 삶의 본질적인 기쁨은 인간 상호관계에서 오는 승인과 이해와 우정의 확인으로부터 온다.

윌리엄 섹스피어의 비극에서는 사랑은 죽음과 불가분으로 묶여 있다. 사랑은 화살이 되어 가슴에 꽂혀 그것을 뚫고 죽음으로 몰고 간다. 로미오는 줄리엣이 자기 앞에 알몸으로 나타났을 때 느꼈던 감정은 경외 그 자체였다. 이러한 경이로운 환희가 모든 장벽을 뚫고 죽음으로까지 몰고 간다고 볼 수 있다. 만약에 사랑의 행위만이 그들의 목적이었다면 결코 죽음으로까지 가지 못하고, 그 자리에서 주저앉고 말았을는지도 모른다.

우리 개개인은 무엇보다도 먼저 다른 사람들과의 따뜻한 사랑을 주고받는 교환관계를 필요로 한다. 여기에는 상호간의 격려와, 우리 인생이 부과하는 아픈 상처의 고통을 경감시키는 숨은 힘이 있다. 우리 자신에 관한 모든 것을 알고, 서로 좋아하는 사람들에 의해 인정받고 필요로 하는 존재가 될 때, 우리는 이해관계를 뛰어넘는 사랑의 경이로운 세계로 들어가는 경계선에 도착하게 될 것이다.

　사랑의 결핍은 돈 주앙 같은 플레이보이를 만든다. 지칠 줄 모르는 정열을 해소할 새로운 대상을 찾아 헤매는 돈 주앙, 휴 헤프너, 다시 말해 술과 호색에 빠져서 육체의 에너지를 과도하게 소비하는 사람들은 사랑으로 짜여진 경이롭도록 경이로운 옷을 입어 보지 못하고, 흘러가는 세월의 빈 낭하(대문 양쪽으로 있는 방)에 외롭게 던져진 외롭고 고독한 영혼이다.
　강한 성적 욕구를 제멋대로 처리하는 사람들의 숨겨진 가면 뒤를 들추어 보면, 그들의 영혼은 외로움으로부터 달아나면서 발악적으로 반격하는 패잔병과 같다는 사실을 알 수 있다.

　인간의 본성에는 다른 사람으로부터 사랑을 받고자 하는 강한 충동도 있지만, 누구인가를 죽도록 사랑하고 싶은 충동도 있다. 성숙한 인간은 사랑을 누구인가에 의해서 빼앗길 때도 기쁘고 평화스럽게 살아갈 수 있는 능력을 가지고 있다.

　비틀거리고 위축된 성격이 될 가망이 있을 때가 바로 당신의 자아 개발의 순간이고 또 이웃사랑을 인식하는 순간이기도 하다.
　정상적으로 성숙한 남녀는 충분히 줄 수 있는 욕구를 가지고 있다. 이것이 바로 결혼이라는 출구이다.

　사랑에 모든 것을 투자하라. 아무 것도 아끼지 마라.

31 나는 그대가 보지 못하는 손짓을 본다오 나에게 떠나라고 신호하는…

만약에 그대가 젊은 베르테르라면 어떻게 하겠는가?

알베르트라는 약혼자가 있는 로테를 사랑할 것인가?

그대가 한 때 그리고 지금도 변함없이 열렬히 사랑하고 있는 그녀가 다른 남자의 약혼녀가 되어 그대 앞에 나타난다면 어떻게 하겠는가?

그녀는 부담 없이 그대 가슴 속으로 파고들어 속삭인다.

"나 아직도 자기 사랑해."

그녀의 가슴에는 심장이 뛰는 소리가 쿵쿵거리며 반사되어 들려오고 있었고 그녀의 몸 전체에서 내뿜는 체온은 누구에게도 말할 수 없는 한이 서려 있는지 그녀만이 아는 슬픈 이야기는 쉽게 지워지지 않고 밖으로 피어나와 그대 가슴 속 깊이까지 와 닿고 있었다. 그녀와 오고 간 눈길은 너무나 황홀해서 시샘이 생길 정도였고 그녀의 눈 속에 담긴 영상을 떠 올리며 저 지평선 너머로 숨어버린 빛의 잔영을 그려 보면서 그대는 그대로 서 있을 것인가?

토마스 티켈(Thomas Tickel: 1686-1740)은 이렇게 썼다.

나는 그대가 듣지 못하는 소리를 듣는다오.
내가 더 이상 머무르지 말아야 한다고 하는
나는 그대가 보지 못하는 손짓을 본다오.
나에게 떠나라고 신호하는….

〈햄릿〉 1막 4장에서 유령이 햄릿에게 "어서 떠나라"고 손짓했고 〈오페라의 유령〉에서도 변화무쌍한 연기력을 가진 팬텀은, 카리스마적 마력을 지닌 섹스의 화신으로 나타나 사랑하는 여인을 향하여 어서 떠나라고 손짓하면서 부르는 아리아는 어둡고 잔혹하면서도 연민을 느끼게 한다.

32 유령은 스토커처럼 항상 그대 뒤를 따라다닌다

젊은 날의 사랑은 활화산같이 타오르며, 12월에 난로처럼 뜨겁게 타올랐다. 'B'는 그녀 없이 산다는 것은 불가능하다고 생각했다. 그녀는 B의 전부이며 생명 그 자체였다. 베르테르가 로테를 사랑하는 것처럼, 로미오가 줄리엣을 연모하는 것처럼 사랑했지만, 그 사랑의 불길은 오래가지 않아 꺼지고 말았다.

그녀가 갑자기 돈 많은 집안의 장남과 결혼을 했기 때문이었다. B가 갖는 실연의 고통은 자살사건으로 이어졌지만 간신히 생명만을 건지고 회생했다. 그리고 25년이란 세월이 흘렀다.

B는 자기 친구의 소개로 중년의 이혼녀를 만나게 되었는데, 이것은 운명의 장난이라고 말하기에는 너무 가슴 아픈 일이었다.

그녀는 25년 전, B가 그처럼 사랑했던 청순하고 아름답고 고혹적인 매력을 지녔던 그녀가 아닌가. 그녀는 B에게는 자기 인생의 전부였고 자기 꿈과 이상이지 않았는가?

B가 그녀를 만나는 순간, 모든 꿈은 산산조각이 나서 깨져 내려오고 있었다. 그녀의 언어는 매우 거칠었다. 그리고 그 언어에서 까다로운 성격과 심술궂고 이기적인 냄새가 흘렀다. 그녀는 사업을 하다가 부도를 냈으며 빚쟁이로부터 항상 쫓김을 당하고 있는 실정이었다.

그는 비로소 자신이 25년 전에 그녀에게서 발견했던 아름다움과 청순함과 미덕은 자신이 사랑의 도취 속에서 만들어 낸 허구에 불과했다는 것을 깨닫게 되었다.

그는 25년이라는 긴 세월 속에서 빼앗긴 왕비를 찾아 전쟁을 일으킨 왕처럼, 오로지 헤어진 여인의 환상에 사로잡혀 헛되게 세상을 살아왔음을 느끼게 되었다. 헤어졌던 여자의 모습을 똑바로 살펴봄으로써 환상 속에서 온갖 미덕으로 채색되었던 그녀의 모습이 사라지게 되었다. 자기를 따라 다녔던 환상 속의 유령은 더 이상 그를 괴롭힐 수가 없게 되었다.

세상이란 베일을 벗기면 가려졌던 것이 드러나서 실체를 보게 되는 순간에 당신은 당신을 구속하고 있던 모든 속박으로부터 자유롭게 될 수 있다. 당신은 자신의 상상이 만들어 낸 허구의 유령에 시달렸지만, 그 실체를 본 당신은 자유롭게 될 수 있다.

많은 종교는 자신이 만들어 낸 신을 믿고 두려워 떨며 그가 축복해 주기를 바란다.

깜깜한 밤 속에 있는 어린 아이들이 벌벌 떨며 무엇이든지 무섭게

여기듯이, 밝은 곳에 있는 우리가 때로 어둠 속의 아이들을 공포에 떨
게 했던, 하나도 무서울 것이 없는 바로 그것을 두려워한다.

스타벅스 커피숍에서 모카 아이스커피 3잔을 들고 나온 멋쟁이 내 택시 손님들이 한 잔의 커피를 나의 손에 쥐어 주었을 때, 나도 하와이 명품인 마카다미아(macadamia)가 들어있는 초콜릿 바 두 개를 주었다.

"사랑의 감정은 어디에서 오는 것일까요?"

두 여자들은 즐겁다는 듯이 깔깔 웃어대고 있었다.

"초콜릿 바 한 개를 집어 들고 한 입 쓱 베어무는 것 어떨까요?"

"지금 사랑의 감정이 솟아올라 오고 있는 것 같아요."

수잔(한국이름은 이경은)이 폭소를 터뜨리며 말했다. 나는 흥분되어 있는 이들의 마음을 가라앉히기 위해서 저음으로 말했다.

"그런데 말입니다. 아내가 있는 매력적인 잘 생긴 남자를 사랑해 본 적이 있나요?"

"유부남과의 사랑? 참 구미가 당기는 질문이네요. 유감스럽게도 그

래 본 적이 없어요. 그러나 한번 해보고 싶어요. 스릴을 추구하는 나의 내적인 호기심 때문이라고 할까요.”

호기심이 고양이를 죽였다고 하지 않은가!

만약에 당신이 아내 있는 남자를 사랑한다면, 그 사랑 자체는 자유이지만 그 사랑이 그 남자의 가족에게 미치게 될 간접적인 피해를 한번 생각해 보세요. 내가 타고 가는 이 자동차가 상대방의 자동차와 직접 충돌하지는 않는다고 해도, 내 자동차가 마치 바람난 늙은이처럼, 얼큰히 술 취한 젊은이들처럼, 비틀거리는 동작 때문에 상대방 자동차가 낭떠러지로 굴러 떨어진다면 누구의 책임인가?

77세의 괴테는 19세의 소녀 울라케를 사랑하게 되었지만 결국은 실연하게 되었다. 괴테는 소리쳤다.

“사랑은 미친 짓이야!”
(그러나 우리는 『마리 엔바트의 비가』를 얻었다.)

제4장

삶의 고통 속에 무한대의 힘이 숨어 있다

34 우리가 두려움과 공포를 느낄 수 있는 감각을 부여받은 것은 축복이다

우리가 지금 살고 있는 위험한 세상에서 공포, 두려움, 불안, 그리고 스트레스를 느끼지 않고 살아가는 사람은 없을 것이다.

공기 속에는 우리에게 감기를 가져다주는 박테리아가 득실거리며, 길거리를 나가면 우리를 향해서 질주하는 자동차들이 내는 성난 폭음, 그리고 언제 공격해 올는지도 모르는 질병들…. 어느 하나 우리를 협박하지 않는 것이 없다.

질투, 걱정, 연민과 함께 나타났다가 안개처럼 사라지는 사랑의 힘, 끝없는 욕정의 탐닉, 매일의 사건을 통해서 등장하는 재앙과 화, 역설적으로 반복되는 삶의 우행, 도대체 죽음이란 무엇인가에 대한 수수께끼 같은 질문, 느닷없이 찾아오는 행복과 불행, 예측할 수 없는 운명의 수레바퀴…. 잠잠하던 일상에 어느 날 정신 못 차리게 들이닥치는 사건들, 강간과 윤간, 주가의 갑작스러운 폭락, 순식간에 지구전체로 확산되는 금융위기, 누리꾼들의 댓글 잔치, 종잡을 수 없는 무작위적 현상이 안개처럼 뿌려져서 한 치의 앞을 내다 볼 수 없다.

　이런 상황에서 우리가 두려움을 느낄 수 있는 능력을 부여받은 것은 하나의 축복이다.

　만일 우리가 이러한 위협적인 유혹들이 우리를 협박해 올 때 두려움의 메커니즘을 통해 경고음을 듣지 못한다면, 우리는 이 세상에서 생존해 나가기가 어려울 것이다.

　우리가 생존하기 위해서는, 이러한 것들을 피하거나 극복해 내는 것을 배워야 하며, 두려움의 대상과 악의적인 세력에 대한 두려움이 어떻게 자라는지를 잘 알아 둘 필요가 있다.

　어떤 의미에 있어서 인류 문명의 발명품 중에 대부분은 이러한 두려움과 염려의 창조적 소산이라고 할 수 있다. 사람들은 어두움을 두려워했다. 이로부터 사람들은 불을 다루는 기술을 알아냈고, 전기의 신비를 발견했다.

　사람들은 고통을 두려워했고, 이러한 두려움이 외과 의술과 마취의 치료를 개발해 낸 현재의 의학의 어머니가 되었다.

　두려움은 종종 성장과 발명의 자극제가 되므로 만약 사람에게 공포를 느끼는 감각기관이 제거된다면, 성장하는 능력 또한 잃게 될 것이다.

　들짐승들은 동물적인 두려움을 느끼지만, 상상력과 이성이라는 선물을 부여받은 인간만이 경험하는 정서는 지니지 못한다. 가장 무서운 두려움에 시달린 사람들만이 가장 창조적인 사람이 된다는 것을 기억해야 된다.

링컨과 도스토예프스키는 자신의 생애 동안 반복해서 찾아오는 우
울증과 공황장애(Panic disorder)에 시달렸고, 모파상도 심한 정신 착
란증에 시달렸으며, 토머스 에디슨, 윈스턴 처칠, 찰스 디킨스, 벤자민
프랭클린… 이들은 하루 밤에 겨우 4시간 밖에 잘 수 없었던 불면증에
시달렸지만, 어떤 어려움도 없이 자유롭게 인생의 고속도로를 따라 춤
추며 가는 영혼들보다 인류를 위해 훨씬 더 많이 공헌했다.

우리는 누구나 육체적인 통증을 경험한다. 옷을 벗고 자기 자신을
의사에게 보이는 치료의 두려움, 그 경고의 신호는 우리의 적이라기보
다는 오히려 친구임이 증명된다.

아프가니스탄 전선으로 떠나는 군인들을 보라. 이들은 떠날 때 어떤
두려움을 느끼게 된다. 이러한 두려움은 인체 내의 아드레날린의 유출
을 증가시키고, 육체적 정신적인 에너지를 동원해서 전쟁에서 오는 위
협에 대항할 수 있게 한다.

두려움을 모르는 군인은 자신에게도 위험하고 다른 동료에게도 위
협적인 존재가 될 수 있다. 이러한 두려움에도 불구하고, 작전과 사명
을 이행한다는 사실은 자신의 인간적인 자질을 용기 있는 목적을 위해
사용하는 능력의 증거가 된다.

그러나 지나친 두려움과 신경불안적인 염려는 우리를 경직시키고
능력을 축소시키며 극복해야 할 병적인 요소마저 신장시킨다. 우리의
정신적인 생활에서도 어느 정도의 불안은 정상적이라고 할 수 있지만,

지나친 두려움이나 걱정은 뇌에서 노르아드레날린이라는 강력한 혈압 상승제 역할을 하는 물질이 분비되게 만든다. 이것은 극렬한 독성을 갖고 있어 자연계에서는 독사의 독 다음으로 그 독성이 강하다고 할 수 있다. 이 독성 때문에 노화 현상이 빨리 생기며, 생명을 단명케 한다.

반대로 우리가 기쁨에 충만한 생활을 하고 모든 것을 긍정적으로 받아들이면 베타엔도르핀이 분비되는데, 이것은 뇌에서 분비하는 호르몬 중에서 가장 긍정적인 반응을 보여 우리를 건강하게 하여 장수하게 하는 기본 물질이다.

기분 나쁜 말을 들으면, 즉시 뇌에서는 노르아드레날린을 분비할 것을 명령하고, 기분 좋은 말을 들으면, 베타엔도르핀을 분비할 것을 명령한다.

우리가 아무리 기분 나쁜 이야기를 들었다고 해도, 긍정적으로 받아들인다면 뇌는 우리 몸에 유익한 호르몬을 분비한다.

두려움이 우리를 찾아와서 거대한 골리앗같이 보인다고 해도, 긍정적으로 생각하면 다윗처럼 그 거인을 물리칠 수 있다.

우리 인생의 가는 길의 방향은, '긍정적이냐 부정적이냐'에 따라 바뀐다.

얼마나 많은 사람들이 현실적인 삶에 저항하는 분노로 얼어붙은 세상을 살아가고 있는가? 누구에게나 깊이 숨겨진 내면세계의 분노는 부패하고 부정한 정부를 질타하는 학생들의 데모, 의사들의 잘못된 관행과 오진에 대한 환자들의 성난 항변, 그리고 광장에서, 월가(Wall Street)에서, 가정에서 상처 난 자존심과 좌절감을 산출해 낼 수도 있다.

필연적으로 좌절의 모체라 할 수 있는 얼어붙은 분노의 원인이 무엇이든지 간에, 오늘날 가장 희망적인 말은, 이러한 분노가 창조적인 배설구를 통해서 카타르시스 될 수 있으며 정복될 수 있다는 것이다.

우리의 기분이라는 것, 이것은 일시적이라는 것에는 희망의 근거가 된다.

피곤해서 지쳐 있을 때는 핀으로 질린 자국은 칼에 찔린 자국이 되고, 두더지가 쌓아 올린 흙더미는 산이 되기도 한다. 우리가 우울한 분위기에 빠지는 것은 극히 자연스럽고 정상적이다.

우리는 어두움의 터널을 지나갈 때, 거기에는 입구뿐만이 아니라 출구 또한 있다는 것과, 빛의 세계로 곧 나오게 된다는 사실을 종종 잊는다. 어두움이 짙게 깔리면 새벽이 온다는 사실을 잊고 두려워한다.

인간은 많은 충격에도 저항할 수 있고, 많은 눈물을 흘릴 줄도 알고, 숱한 비극적인 사건이나 전쟁에도 견디며 살아가는 강인한 존재이다.

인간은 소음이나, 고통이나, 질투 같은 투명하지 않은 것을 이겨냈고 오히려 그것들 때문에 위대한 일들을 해낼 수 있었다.

모차르트는 다른 사람들에게는 아무렇지 않게 들리는 틀린 음들 때문에 온 신경이 예민해져 괴로워했다고 했다. 이러한 예민성에서 오는 고통이 오히려 그를 가장 완전한 음악을 만들게 했다.

베토벤이나 쇼펜하우어는 보통 사람들이 경험할 수 없는 깊고 심각한 고통을 감내했기 때문에 위대한 작품을 만들어 낼 수 있었다.

요한 스트라우스와 바그너는 다른 사람들에 대한 활활 타오르는 질투심이 예술적 경지를 높여 주는 원동력이 되었다.

우리에게는 항상 유한하다는 것, 한계가 있다는 것을 알라.

푸른 파도를 타는 젊은 서퍼들, 파도를 타고 들어오면 땅이라는 한계가 보인다.

한계를 용납하는 것이 그리 어려운 일인가?

어린 시절에 우리는 곧잘 미래에 우리가 정복할 수많은 왕국들을 머리에 그리며 백일몽을 꾸었다.

우리는 초등학교 시절, 한계보다는 힘과 무한대를 강조했던 우화나 전설, 동화 같은 것을 들으며 성장했다. 우리는 우리 자신에 대한 도피 수단으로써 전설이나 동화 속의 영웅들에게 전능한 힘을 투영했었다. 이 밖에도 우리는 자신의 한계를 용납하기를 싫어했던 나약한 부모들의 완벽주의의 고문 틀에 매달려야 했다.

많은 아버지나 어머니들은 자신의 인생을 통해서 얻은 어떤 실패에 대한 보상을 자녀가 해 주기를 원하면서, 자신들의 이루지 못했던 꿈과 야망을 자녀들에게 투영시킨다.

불행스럽게도 자녀들은 종종 부모들이 치룬 실패의 연장된 그림자가 된다.

솔직하게 말해서 부모들은 자녀의 성공을 통한 제2의 인생을 기대해 보는 것이다. 미국의 교포사회에서도 부모들은 만나기만 하면 자녀들을 자랑하느라 열을 올린다. 신문사에 가서 인터뷰를 할 때도 자신에 대한 이야기보다는 자식에 대한 자랑을 더 많이 한다고 한다.

우리는 모두 한계가 있는 존재이므로, 한계를 지닌 그대로 우리 자신을 받아들여야 하고, 우리는 다른 사람들이 할 수 없는 것을 할 수도 있다는 것과, 다른 사람들이 공헌할 수 없는 분야에서 어떤 공헌을 할 수 있다는 것을 알게 될 때 새로운 도전을 받게 된다.

36 고독한 시간은 오히려 창조의 날개를 달아주고 영혼을 풍요롭게 해 준다

A가 6번 반복되는 하와이 단어 KAAAAAA는 외로운 화산을 의미한다.

화산도 고독을 느낀다.

『도덕경』에서 노자는 "나를 이해하는 사람이 이렇게도 없는가?"라고 탄식했다.

공자도 "나를 이해하는 사람은 아무도 없다. 나는 고독하다. 그러나 하늘은 나를 이해하는 구나."라고 실존적 고독을 말했다.

한 시대를 조금 살다가 삶의 맛만 보고 세상을 떠난 천재의 고독과 말로 못한 내면의 고백을 카프카가 아버지에게 띄운 편지에 쓰고 있다.

자수성가한 상인이었던 아버지는 법과 질서와 규율을 존중하는 전형적인 가부장, 실리와 이기를 따지며, 가족 앞에서 또 아들이었던 카프카 위에 왕처럼 군림했다. 그리고 아들이 자신을 닮기를 바랐다. 하

지만 카프카는 소심하고 우유부단했으며 그런 아들을 아버지는 무가
치하고 쓸모없는 존재로 여겼다.

　죄의식과 자기혐오에 시달린 카프카는 영화 〈파드레 파드로네〉에서
처럼 아버지에게 폭력으로 맞서는 파격을 감행하지 못하고 대신 글쓰
기에서 탈출구를 찾는다.

　카프카의 소설 중에 『성(The Castle)』이라는 소설이 있다. 이 소설
속에서 이름도 없는 주인공은 성주로부터 측량 기사로 와 달라는 요청
을 받지만, 성문 안으로 들어가자마자 자격 미달로 거절당하고, 심지
어 그 마을에 머무는 것조차 허락받지 못하고 쫓겨나게 된다.

　관료적 형식주의를 통과하여 성주에게 나가려는 주인공의 노력은
계속 좌절된다. 그는 당국으로부터 승인을 받아 측량기사로 일하기를
소망했으며 마을 사람들 사이에서 행복을 찾기를 원했다.

　그러나 아무리 노력해도 실패만 따를 뿐이었다. 그는 뒤돌아서야 했
고 그의 길에는 항상 장애물이 있었다.

　카프카의 아버지는 매우 성공한 상인으로서, 집안의 모든 사람들 청
소부, 정원사, 요리사들을 학대하곤 했던 지배적인 성격의 소유자였
다.

　나이 어린 카프카는 아버지를 두려워하면서도 일종의 경외감을 가
지고 있었다.

　카프카는 나이를 먹어갈수록 점점 더 자기 자신의 세계 속으로 움츠
려 들어가는 것을 알게 되었다.

이런 가운데 그는 단편 소설들을 써 나가기 시작했고, 이 소설 속에서 그의 천재성과 위대함, 그리고 진정 그의 외로운 목소리를 드러내기 시작했다.

그의 작품 속의 주인공들은 보통 이름이 없고 익명으로 등장하는 것이 특징이다.

그들은 주로 이니셜로 등장하지만 어떤 사람들은 이니셜조차 없다.

이 우주의 고아들은 일종의 무인도에 사는 것처럼 보이게 묘사하고 있다.

그의 소설은 한 마디로 말해서 아름답고 예리한 양식으로 인간의 고독을 묘사한 예술적 냄새가 풍기는 작품이라고 볼 수 있다.

그의 작품 속의 인물들은 항상 번민하고 불안에 시달리며 무엇인가를 추구하지만, 항상 좌절되고 말 뿐만 아니라 사회와 대화로부터 단절되고 만다.

그는 일생 동안 죄의식과 아버지에 대한 증오에 사로잡힌 채 고독한 사람으로 살았고, 아버지와 동등해지고 싶어 했으며, 그에 상응하는 힘을 소유하고 싶어 했으나 언제나 아버지의 힘에 의해 그와 같은 욕구를 짓밟히고 말았다.

그는 결코 이성으로 받아들일 수 없는 세계로 뛰어들 수 있는 용기가 없었다.

키에르케고르와는 달리, 카프카는 결코 하나님의 자비의 손길을 느낄 수 없었던 차가운 피를 소유했던 인물 같다.

성 아우구스티누스는 "밖으로 향하지 말고 네 자신 안으로 들어가라.”라고 말했다.

　외향적인 성격을 가진 사람들보다는 내향적인 사람은 그 내면에 거하는 고독과 만나기가 쉽다. 그는 그 고독 속에서 영감을 받고 신기루처럼 나타나기도 하는 진리의 길을 보게 된다.

　내 친구인 김 목사를 괴롭히는 것은 뼈를 깎는 듯한 고독에서 오는 아픔이었다. 그는 이성에 대한 그리움이라든가, 정욕의 솟구침, 가족과 대화의 단절 등으로 괴로워했다. 그러나 그는 거대한 고독의 파도가 몰려오면 그 힘을 다른 곳으로 분산시켰다.

　그는 고독해지면 밖으로 나가서 떨어져 있는 종이를 줍거나 집 앞을 청소하거나 공원을 향해 걷곤 했다.

　그가 공원을 걷고 있자니 낙엽이 하나, 둘씩 떨어지는 소리와, 낙엽을 밟는 소리가 음악처럼 아름답게 들렸다. 김 목사는 공원 벤치에 앉아 ‘라므르’라는 시를 쓰기 시작했다.

　김 목사는 시를 쓰다만 종이를 구겨서 쓰레기통에 넣어버렸다. 그는 현실 속에서는 소인이 되지만, 고독 속에서는 거인이 되었다. 일상생활 속에서 그는 항상 겸손했고, 아이들의 친구가 되었으며 가난한 자들의 동반자가 되었다. 그는 혼자 있는 시간을 즐김으로써, 고독을 경험한 자만이 아는 독특한 즐거움을 만끽했다.

　그는 고독한 순간들을 창조의 경지로 끌어 올려 승화시키고 있었다.

　고독, 너는 내 꿈을 창조의 세계로 나르는 수레.

  톨스토이는 인간 내면세계의 깊은 곳까지 꿰뚫어보는 통찰력을 갖고, 인간이 갖는 본질적인 죄성과 기독교가 지시하는 이상적인 가르침 사이에서 생기는 갈등 때문에 항상 마음의 평정을 잃고 번민하고 있었다.

  기독교를 돌아보는 그의 눈은 매섭게 번뜩이며 기독교가 잘못가고 있는 어긋난 길목을 비판하고 있었지만, 기독교가 주장하는 선한 행위 때문에 자기 재산을 정리해서 하인들에게 나눠주었고, 그의 소유인 광대한 토지를 팔아 가난한 사람들에게 나누어 주는 모순 된 삶을 살고 있었다.

  그는 농부들처럼 땀 냄새 나는 옷을 입고 밭에서 일을 했으며, 자기가 손수 만든 허술한 신발을 신고 다녔다.

  이렇게 선한 일들로 인해서 구원의 밧줄을 붙잡아 두기 위해서 그렇게 애썼지만, 오히려 번민의 강만이 범람했다. 그는 하인들이 물 나르는 것을 대신해 주었지만, 아내가 아파 누워 있을 때 물 한 컵 떠다 주지 않았던 위선자였다. 그는 선한 사람으로서 완벽주의가 되기 위해서 술도 담배도 끊었고 그렇게 좋아하던 사냥까지 중단했다.

그는 이러한 생활 속에서 인간의 현실적인 본성과 인간 영혼의 깊은 곳에 내재한 원죄로 인한 자각증에서 오는 고통 사이에 뚫고 나타난 악령에 시달려야 했다.

은행에 10억원을 예금하고 가난한 생활을 모방하기 위해서 산에 올라가 전기도 TV도 없는 헛간에서 노숙자처럼 사는 스님이 있다면 그는 과연 무소유의 가난한 스님인가?

칸트는 "신의 창조물 중에 하늘에 빛나는 별들과 우리의 가슴 속에서 속삭이는 양심보다 더 신비스러운 것은 없다"고 했다.

그러나 프로이드는 역설적으로 주장했다. "별들은 말할 수 없이 웅대하지만 인간의 양심에 대해서는 하나님이 부주의하고 불공평한 창조로 후회하고 계실 것"이라고 했다.

왜냐하면 우리를 도덕의 길로 인도하는 능력이, 때로는 우리를 사디스트적 근성의 충동자로 지칠 줄 모르고 죄에 빠지도록 행동하게 만들기 때문이다.

우리의 정신적이고 육체적인 많은 질병들, 공포, 불안, 초조, 그리고 죄의식과 같은 것들이 우리의 양심의 가장행렬 속에서 그 참 모습이 드러나기 때문이다.

에리히 프롬은 다음과 같이 말했다.

"순수한 양심은 인간의 통합된 개성의 일부를 형성하고 이 양심을

따를 때 전 인격이 형성된다".

너 추한 벌레 같은 인간이여, 회개하라! 자기 벌칙의 막대기로 네 자신을 마구 쳐라. 너 죄 많은 영혼을 양심의 채찍으로 잡아 찢으라. 그렇지 않으면 하나님의 보호를 받을 가치가 없다.

종교가 인류의 행복을 위해서 기여한 것 보다는 불행을 가져다 준 것이 더 많은 것은 사실이다.

암흑시대라고 불리는 중세에 가톨릭교회는 종교의 이름으로 수천만의 죄 없는 사람들을 죄를 뒤집어 씌워 죽인 것은 다 아는 사실이다.

종교와 하나님은 완전히 다르다. 악한 본능이 이 인생 전체에 미치는 거대한 역할을 수행하기 전에 종교는 인간의 죄 많은 영혼의 기슭에서 확고한 교두보를 세워야 한다.

우리는 미국의 아브라함 링컨이나 인도의 간디나 한국의 한경직 목사 같이 약자 편에 서서 그들을 보호하고 그들의 고통을 같이 했던 사람들의 목소리에서 순수한 양심의 아름다운 합창 소리를 듣게 된다.

그들의 이웃을 위한 사랑의 가장 귀한 단언은 창조물을 통해 말하는 하나님의 음성이다.

음욕을 품는 것, 혹은 성적 욕구가 죄를 품는 것과 같다는 관념에 깊은 영향을 받은 기독교신자는 바울, 어거스틴, 칼빈, 루터의 주장에 따르는 것 같다.

서구의 종교는 남녀를 막론하고 성적인 생각과 충동에 강렬한 억압을 통해서 만 개선될 수 있다는 것을 주장해 왔다.

우리가 가공하리만큼 큰 죄(성적 욕구, 음욕을 품는 것)의 음성을 짓누름으로써 이 억압의 메커니즘은 우리들의 영혼을 자극하는 불안과 슬픔, 우울증 같은 질병에 대한 책임을 져야 할 것이다.

우울한 절망적인 감정을 주체할 수 없을 때 이 감정이 바깥으로 표출되면 폭력으로 나타나고, 내면세계에 쌓이게 되면 자살이란 형태의 비극을 만들어낸다.

분노를 억누르라, 성적 욕구를 억누르라!라는 주장은 불행하게도 바람직한 인생을 보증하는 데 실패를 거듭해왔다 라고 말할 정도로 많은 실패의 부산물들이 우리들의 개인적인 삶을 방해해 왔고 사회적인 진보까지 막았다.

우리들의 자유로운 내적 욕구를 가혹하게 억압한다면 그것은 새로운 형태로 변장하고 나타나서 우리를 속일 것이다.

이것은 우리의 신경을 건드려 내적 평화를 포위하여 침략하고, 좌절과 열등감으로 패배의식을 심어 주며, 의지와 어긋나게 행동하게 하는 등, 우리 내부의 가장 악한 적이 될 것이다.

우리는 본능적인 에너지 자원을 부끄러워하지 않고 인정해야 되며, 그 에너지를 예술과 인문과학에 진, 선, 미, 그리고 행복의 형태로 전이시켜야 한다.

위대한 업적을 남긴 사람들은, 그들의 이러한 본능에서 오는 차고 넘치는 에너지를 창조의 영역에 전이시켰던 사람들이다.

『인간 희극』이란 명작을 만들어 낸 발자크는, 그가 1850년 사망할 때까지 91편의 소설을 썼다.

그는 넘쳐나는 본능적인 에너지를 창작이라는 용광로에 쏟아 넣었던 사람이다.

우리 한 번 솔직해질 필요가 있다.

'인간은 천사가 아니다'라는 사실이다.

종교는 인간에게 강박 관념을 심어 줘서 천사와 닮지 않은 우리들의 본성에 우회로를 열어 주지 못했다.

종교는 거대한 실패를 몰고 인간에 접근해서 불안과 병을 주었다.

지금이라도 늦지 않았다. 그 종교가 주는 가장 행렬에 사용했던 탈들을 벗어 버리고 영원한 평화를 주는 새로운 지평선으로 달리는 열차를 타자.

38 인생은 짧고 사랑은 영원하다

우리가 다른 모든 사람들이 자신만을 사랑하고 칭찬할 것을 강요하는 이기적인 삶을 살 때, 궁극적으로 나 자신도, 다른 사람도 모두 만족케 할 수 없다는 것을 알게 된다. 우리는 다른 사람들의 독립적인 존재를 존중하지 않고서는 만족스러운 인간관계를 유지해 나갈 수 없다. 우리가 자유롭고 다른 사람들이 우리의 노예가 된다면 최악의 상황이 벌어질 것이다.

한 사람이 다른 모든 삶에 대해 절대적인 지배자가 되는 세계란 글자 그대로 미친 세상이다.

오늘날 여러 가지 심리학적 정신분석학적 실험은, 이웃 사랑이 자아 사랑의 필수적인 선행 조건이라는 것을 지적한다. 21세기처럼 서로가 서로에 긴밀하게 연결되어 사는 사회 제도 속에서는 다른 사람들의 불행이 곧 나의 불행이 될 수 있고 그들이 행복해질 때 나도 비로소 행복해질 수 있다.

저명한 심리학자인 폴 쉴더 박사는 인간성의 파괴적이고 잔인한 속성은 일부분일 뿐, 인간의 주된 충동은 창조적이고 건설적이라는 사실을 주장한다.

1950년도의 서울은 완전히 파괴되었다. 이 때 인간들은 그들의 영혼까지 파괴되어 거리를 헤매고 있었다. 그러나 2012년, 서울은 언제 6.25같은 파괴의 공룡이 지나갔는지 그 흔적조차 찾지 못할 정도로 재창조되었다.

폴 쉴더는 실험대상의 어린이들이 여러 가지 인형과 그림들을 제공받았고, 이것을 부수고 찢게 되는 많은 자극적인 기회도 제공받았다. 그런데 아이들은 거듭해서 부서진 인형과 찢어진 그림을 다시 맞추고 싶은 욕구의 충동을 받는다는 사실이 발견되었다.

이것은 원형을 복구하고 싶은 욕구이다. 아이들에게 나타나는 공격적인 잔인성은 실제로는 충동적인 호기심과 독립적인 외부세계의 진실을 확보해 주기 위한 욕구이다.

아이들에게 흔히 엿보이는 호기심과 성인에게 나타나는 창조적인 본능은 단순히 힘에 대한 어떤 충동이 아니라, 인간 본성에 생태적으로 주어져 있는 창조적인 사랑의 행위의 명시이다.

사람들은 자신의 본성에 내재해 있는 것을 다른 삶들에게 주고자하는 충동에 만족하여 이웃의 자유를 위해 도움을 주게 될 때에야 비로소, 자신의 존재를 충분히 깨달을 수 있고, 자신의 영적인 요구에도 만족할 수 있게 된다.

인생은 짧지만, 사랑은 영원히 숨쉴 것이다.

내 택시 손님은 칼라우파파 반도(Kalaupapa Peninsula)에 대한 숨은 이야기를 듣고 싶어 했다.

예전에 하와이 섬 나병환자들이 격리되어 살았던 곳이 칼라우파파 반도이다.

이 세상에서 가장 고독한 곳, 출렁이는 바닷물 소리 밖에 들리지 않는 적막한 땅에 나병에 걸린 사람들이 격리 수용되었다. 세계에서 가장 높은 바다절벽이 삼면을 병풍처럼 두르고 있다.

나는 내 택시 손님과 나병 환자 수용소를 찾아가기 위해서 노새를 타고 그 좁은 험난한 길을 가야 했다. 걸어가는 사람도 있었다. 마치 흰 구름을 밟고 하늘로 올라가는 길 같았다.

어디에서 인지는 몰라도 물 흐르는 소리가 들려와 내 발을 휘감듯 했다. 길은 좁을 뿐 아니라 낙타의 혹(Hump)같기도 했고, 칼날 같은 능선도 타고 올라야 했다.

올라가다 보면 확 뚫린 시야가 들어온 아름다운 절경, 높이 자란 나무들, 깎아 세운 듯한 바위절벽, 그리고 멀리서 들려오는 바다의 잔잔한 물결소리…. 어느 하나 감동되지 않는 것이 없다.

1873년, 벨기에 사람인 데미안 조셉은 몰로카이로 건너와 격리된 나병환자들과 평생을 같이 했다고 한다.

1865년, 하와이 왕국은 나병에 걸린 사람들을 격리 수용하는 법을 통과했다.

이 병의 증상을 보이는 사람은 이 병의 확산을 방지하기 위해서 칼라우파파 반도 북쪽 끝에 있는 칼라와오라는 지역에 영구히 유배시켰다.

이곳은 떠날 수 있는 날은 결코 오지 않으며, 한 번 들어가면 죽을 때까지 그곳에서 살아야 했다. 그러나 1941년, 한센씨 병을 치료할 수 있는 약이 개발되었고, 1981년에는 이 병이 완치되는 약도 나왔다.

아직도 지상에는 약 500,000명의 나병환자들이 있는데 주로 인도에 있다.

이곳 칼라우파파에는 아직도 30명 정도의 나병환자들이 사는데, 이들은 완치된 상태에서 병균을 갖고 있지 않아 언제든지 이곳을 떠날 수 있지만 그대로 머물러 있는 것이 마음의 평화를 얻는 길이라는 것을 그들은 잘 알고 있는 듯 했다.

한센씨 병이라고 불리기도 하는 나병 혹은 문둥병은, 인류의 역사만큼이나 오래 되었고 인류 역사와 같이 출발해서 인류를 괴롭혀 온 악

명 높은 병이다.

구약성서 레위기(기원 전 약 1405년에 씌어졌음)와 민수기 5장 1-3절에서 문둥병에 관한 기사를 볼 수 있고, 신약성경에서(누가복음 17:12-19, 마태복음 8장 2절)도 한센씨 병에 관한 기사를 찾아볼 수 있다.

고대 중국에서도 인도에서도 문둥병에 관 한 기록을 찾아 볼 수 있다.

발병한 자는 철저히 버림받아 영원히 격리되고 유폐시켰다. 이런 천형이 도대체 어디에 있는가!

〈벤허〉라는 영화(소설)를 보라. 나병은 혈육마저 연(원인을 도와 결과를 낳게 하는 직접적인 작용을 하는 것)을 끊는다고 하지 않는가.

한센씨 병 하면 생각나는 시인이 한하윤(1919~1975)이다.

북경 대학원에서 석사학위를 받은 그는 한 아름다운 여인을 연모하다가 그 불타는 가슴을 안고 고향으로 돌아왔을 때는, 말초신경과 온몸이 썩어 들어가는 듯한 피부의 변형을 발견하게 된다. 그것보다 더 괴로운 것은 차별대우는 말할 것도 없고 혹독한 학대를 받는 것이었다.

그가 시인이 된 것은 한센씨 병으로 오는 고통보다는 차가운 저주의 눈총으로 오는 가슴 저미는 아픔 때문이었다.

그는 피를 토하는 아픔 속에서 시를 썼다.

보리밭에 달 뜨면….

"불어라, 불어라, 너 겨울바람아, 너는 인간의 배은망덕만큼 그렇게 고약하지는 않다."

이 말은 섹스피어의 〈당신이 그것을 좋아할 때〉 2막 7장에 아미안스에 의해서 불려지는 노래의 일부이다. 그의 4대 비극 중의 하나인, 〈리어왕〉에서 인간의 배은망덕에 관한 이야기를 찾아볼 수 있다.

리어왕은 왕좌를 버리고 모든 재산을 세 딸들에게 나눠주기로 결심했다. 위로 두 딸은 아버지에 대한 사랑을 말로써 수 없이 표현하여, 아버지의 마음을 녹였고 왕은 두 딸에게 모든 재산을 상속하여 주었다.

그러나 가장 진실한 딸 막내 코넬리아는 언니들(고네릴, 리건)의 입에 발린 소리에 동조하지 않아 아버지로부터 버림을 받고 말았다.

왕은 나중에 자신의 잘못을 깨닫게 된다. 주권이 사라진 왕은 "감사할 줄 모르는 자녀들이 뱀의 날카로운 이빨보다도 더 독하다는 것

(How Sharper than a Serpent's Tooth it is to have a Thankless child)"을 알게 되었는데, 두 딸은 더 이상 아버지가 필요 없게 되자 오만과 경멸로 대하기 시작하였다.

그들이 내보인 사랑은 자기 이익을 챙기기 위한 수단 일 뿐이었다.

그는 흰 수염을 불로 태우며 미칠 것 만 같은 마음이 되었다. 마음속에서 몰아치는 폭풍우는 들판에 불어 닥치는 폭풍우보다 훨씬 더 거세었다.

마침내 리어왕은, 자신이 군주로 있을 때 얼마나 가혹한 왕이었던가를 깨닫게 되었고, 이제 자기보다 더 비참한 사람들에 대해 동정을 느끼게 되었다.

그의 마음에서 일어나는 거친 폭풍우와 들판으로 몰아치는 번개와 천둥은 사랑을 거절당하고 마땅히 감사를 받아야 할 이들로부터 배은망덕을 당한 한 사나이에게 나타나는 가장 적절한 상징과도 같았다.

인간은 누구나 극한 상황을 맞을 수 있는데, 리어왕의 극한 상황은 철저하게 믿었던 딸들로부터 버림받았다는 것을 깨닫게 되었을 때였다.

이 연극에서는 인간의 겪을 수도 있는 모든 비극의 총 집합이 있는 듯하다.

리어왕은 힘과 권력이 떠났을 때는 불쌍한 노인에 지나지 않는다는 것을 알게 된다. 마침내 그는 신실한 코넬리아를 떠올렸으나 때는 이미 늦어 있었다.

사악한 언니와 형부들이 이미 그녀를 죽인 뒤였고, 리어왕은 사랑스런 코넬리아를 안고 광분한다. 그의 목소리는 분노로 울부짖었다.

"사랑스런 내 딸 코넬리아 너는 영원히 가버렸구나! 이제 한 줌의 흙이 되겠구나…. 안돼, 안돼, 안돼, 안돼, 안돼!"

여기서 마지막 다섯 단어는 영문학에서 가장 슬픈 음절로 묘사되고 있다.

리어 왕은 기나긴 고통 속에서 다시 태어나는 한 인간의 모습을 보게 된다.

41 우리는 고대나 현대 문학작품 속에서 고통 중에 다시 태어나는 주인공(Hero)를 만난다

"최상의 인간이란 지금껏 태어난 적도 없고 햇빛 아래서는 찾아볼 수도 없는 인간"이라고 말한 '테오그니스'나, "인생이란 매일 새로이 태어나고 또 새로운 죽음이 시작되는 무대에서 짧은 보초 의무의 교대와 같은 것"이라고 말한 그리스의 유명한 소피스트(Sophist) '안티폰'과 같은 사람들은 오늘날의 유명한 실존주의자들인 키에르케고르와 사르트르의 영적인 조상들이다.

안티폰은 "결혼이란 도박이요, 언제 이혼 당하게 되는지 모르며, 잘해야 슬픔이며, 만일 아이들이 생기게 되면 모든 염려가 뒤따르게 되고 노년에 이르러서는 짐을 지게 된다."라고 말했다.

이들은 한 마디로 말해서 염세주의자들이며, 인간의 희망에 관한 패배주의자의 정신적인 조상이라고 말할 수 있다. 인간은 그 삶이 부여하는 고통 속에서 미래를 조명할 수 있는 힘을 받게 된다.

실존주의자들은 누구보다도 인생을 가장 예리하게 분석해 냈다. 그러나 그들은 그 자리에서 좌절하고 또 절망했고 그것을 뛰어넘는 혹은 헤치고 나올 능력이 전혀 없는 사람들이다.

인간은 종교를 통해서 영원의 속삭임을 듣게 되지만, 그 종교 자체가 구원의 수단은 되는지 모르겠지만, 구원은 절대 아니다.

그리스의 소피스트들은 이러한 종교의 취약점을 이용해서 공격을 가했다.

"종교란, 인간이 죽음에 대한 공포에서 나온 아편 같은 속임수이며 인간의 자연적인 충동을 감금하는 수단이며 도덕적인 구속력을 지닌 마력"이라고 비난했다. 근시안적인 눈으로는 미래를 볼 수가 없을 뿐만이 아니라 영원의 속삭이는 소리가 메아리 되어 오는 것조차 듣지 못한다.

인간은 고통 속에서만 눈이 천리안이 되어서 현실의 물질세계의 이면을 꿰뚫고 보는 힘이 생길 수 있다고 본다.

고통 속에서만, 귀는 민감해져서 시간 밖에서 들려오는 영원의 메아리를 들을 수 있다. 욥은 현실 세계의 고통 속에서 고통 저편에 있는 아름다운 행복의 초원을 보았고 영원의 메아리를 들었기에 고통을 참고 견디어 내었다.

유리피데스(Euripides: BC 480-406)의 거작인 희곡 〈히폴리투스〉에서 자기중심적이면서도 매우 순결하고 정결한 젊은 왕자 히폴리투스를 보게 되는데, 그는 계모인 페드라의 사랑을 거절한다.

이것은 마치 구약성경에서, 바로의 신하 시위대장인 보디발의 아내가 요셉을 유혹했으나, 요셉에게 거절당하자 좌절하는 그녀의 심정과 거의 같다고도 볼 수 있다. 이 극 속에서 두 주인공은 각자 자신의 성격 결함으로 인해 파멸되고 만다.

적어도 히폴리투스는 냉철한 자기 정의에 의해서 파멸되고 난 후 바로 자신을 보게 된다.

"그대 영혼의 고귀함이 그대를 파멸의 길로 인도했다."라는 대사를 찾아볼 수 있다.

또한 페드라는 조절되지 않고 조절할 수도 없었던 열정적인 본성에 의해 파멸하게 되었다.

그녀는 뜨거운 심장에 격렬한 감정을 지녔고, 반면 젊은 왕자는 순결이라는 온실의 딱딱한 토양에서 살다 목이 잘려 나간 꽃과 같다고 볼 수 있겠다.

그들은 그들이 갖는 파멸 속에서 고귀한 영혼의 소리를 들을 수 있기에, 스스로 파멸되는 것을 두려워하지 않았다.

헬라의 유명한 또 다른 희곡으로는 〈엘렉트라(Electra)〉가 있다. 이 극 속에서 유리피레스는 자신에게 도움이 되지 못하는 딸에게 분노를 쏟아 붓는 좌절한 어머니의 모습을 그리고 있다. 극 중에서 영원히 질투심에 불타는 사악한 여자로, 새 정부와의 생활에서 즐거움을 발견하지 못하자, 딸 엘렉트라에게 분노를 발하여 그녀를 노예로 다루면서 결혼도 하지 못하게 했다.

반면 딸 엘렉트라는 어머니가 자신을 다룬 것처럼 어머니를 다룰 수 있는 날을 기다리면서 복수의 시퍼런 칼을 갈았다. 어머니와 딸 사이의 잘못된 관계로 그려진 이 어둡고 우울한 이야기는, 역사의 수레바퀴 속에서 어머니와 딸 사이뿐만 아니라 아버지와 아들, 남편과 아내 사이의 좌절과 공격, 보복과 파괴의 여러 가지 다른 형태의 이야기로, 2,000년 동안 사람들의 귀에 익숙해있다(아버지 아가멤논을 죽인 어머니와 그녀의 정부 아이기스토스를 살해하는 엘렉트라와 동생 오레스테스의 이야기…).

인간은 고통 속에서 영원히 좌절되고 만다는, 오늘날 실존주의자들의 모형이라고 볼 수 있다.

너무나도 유명한 소포클레스(Sophocles: 그리스 3대 비극 시인의 한 사람)의 희곡 〈오이디푸스 왕〉에서 인생에 속고 사기와 환각이라는 그물에 걸려버린 위대하고 고귀한 남자의 이야기를 들어서 너무나 잘 알고 있다.

이 극 속에서 주인공은 자신의 늙은 아버지를 아버지인 줄 모르고 죽이고 자기 애정의 대상이 어머니인 줄도 모른 채 결혼을 하는데, 이 사실을 몰랐던 이유는 그가 태어났을 때 부모가 점쟁이의 무서운 예언을 듣고 그를 버렸기 때문이었다.

그러나 인생은 잔인한 장난을 치면서 그가 혈육의 비밀을 알지 못하는 사이에 부모의 생활권으로 들어서게 된다. 그러나 이 사실을 후에 알게 된 오이디푸스는 두 눈을 뽑아버리고 스스로 더 이상 햇빛 보기를 거부하게 된다.

이것은 비극이었지만, 위대한 영웅주의에 의해 구원받은 비극으로 승화된다. 고통에 의해 훈련받고 그로 인해 고귀해진 인격이, 자기의 운명과 만나서 더 높은 경지로 올라가게 되는데서, 인생이란 환상과

실제가 혼합되어 있는 것이라고, 그리스 극작가들은 생각했었다.

오이디푸스는 스스로 택한 고통 속에서 고상해질 수 있는 환상을 보았다.
우리는 고대나 현대 문학작품 속에서 고통 중에 다시 태어나는 주인공을 만나게 된다.

삶의 임파워먼트

42 오늘은 당신의 남은 생애의 첫 날

만약에 오늘이 당신의 생애의 마지막 날이라면 미래가 보이지 않는
다. 그러나 오늘이 당신의 남은 생애의 첫 날이라면, 당신의 나이가 20
세이든, 30세이든, 60세가 되었다고 해도 찬란한 미래가 그대를 기다
리고 있다.

오늘이 당신이 남은 생애의 첫 날이 되기 위해서는 '과거'라는 동
굴에서 죄수복을 벗어버리고 탈출해야 한다. 우리가 아무리 노력을 한
다고 해도 어제를 변경시킬 수 없기 때문이다. 그러나 내일은 우리가
과거의 쓰라린 실패를 통해서 얻은 지혜로 내일을 과거와 틀린 날들
로, 행복한 시간으로 변경시킬 수 있기 때문이다.

행복이란 무엇인가?
많은 사람들은 제각기 자기의 철학으로 설명한다.
"모든 사람은 자기의 행복을 원하고 있다. 심지어 목을 매어 자살하

려는 사람까지 행복을 원하고 있다."라고 파스칼은 『팡세』에서 말했고, "세상에는 우리의 침울한 두 눈으로 발견할 수 있는 이상의 행복이 있다."라고 무신론자 니체는 말했다.

"그러나 어떻게 해야 행복해질 수 있느냐?"라는 질문에 답을 주는 사람은 많지 않다.

행복이란 우리가 무엇을 하는 과정에서 생기는 부산물 같은 것이다.

2012년 대선주자로 거론되고 있는 박근혜 의원이 대학생들과 간담회 때 어떤 여학생이 물었다.

"의원님은 누구인가를 사랑을 해 보셨나요?"

그녀는 "그럼요"라고 대답했다.

그 때 다른 남학생이 물었다.

"사랑을 받을 때와 사랑할 때, 언제가 더 행복하셨나요?"

"그야, 물론 내가 누군가를 사랑할 때이지요."

테레사 수녀는 인도의 빈민촌에 들어가 그들의 발을 씻어줄 때 행복했고, 남극 원정에서 불구가 되자 동료대원들을 방해하지 않기 위해 눈보라 속으로 들어가 스스로 죽음을 택한 G. 오테스는 행복했다.

치명적인 병에 걸려 오랜 동안 투병하면서도 결코 죽겠다는 말을 한 번도 하지 않았을 뿐만이 아니라, 자기가 사랑하는 사람에게 자기의 모든 것을 주기 위해서 죽기 6개월 전, 결혼을 한 재키 오나시스는 행복했고 용감했다.

현대 자본주의의 기반을 이루는 철학인 "각자는 자기 자신을 위하여, 그리고 뒤진 자는 악마에게 잡혀 먹어라. 빠른 자가 이긴다."라는 말은 경제적인 변명이다.

그러나 우리 개인 삶에 대한 가장 기초적인 진리는, 모든 인간에게 사랑은 불가결하다는 것이다. 사랑에 의해서 개인은 더 큰 단체에 소속감을 느끼고 개인 상호간에 소중한 사람이 될 수 있다. 인간 본성의 가장 본질적인 불안의 근거는 절대적인 세계에서 혼자이고, 아무런 도움도 받지 못하는 우주의 고아가 되었다는 느낌으로부터 온다.

그리고 인생의 첫 번째 강박 관념은 우리 자신과 부모, 형제, 연인, 친구, 동료들 사이의 관계에서 견고한 직물을 짜 나가야 한다는 것이다.

오늘날 과학은 우리에게 우주는 상호관련성의 관점에서만 이해할 수 있고, 사물은 격리된 그 자체로는 무의미하며, 심지어 원자(Atom)

도 조직 속 한 형태로 만 의미가 있다는 것을 가르쳐 준다.

예를 들면 탄소 원자는 하나의 방향으로 결합될 때 숯이 되고, 다른 방향으로 결합될 때는 다이아몬드(Diamond)가 된다.

고립된 원자는 의미 없는 원자일 뿐이다. 결합된 원자는 주춧돌 역할을 한다.

마찬가지로 고립된 개인은 가치의 파괴자에 불과하지만, 상호 협력된 인간들의 결합은 개인과 사회평화의 형성자가 되는 것이다.

진정으로 진보하는 세계란, 자아를 창조해가는 사회이다. 이러한 사회를 형성하기 위해서는 다른 사람들과의 관계를 통해서 상호작용을 해야 한다. 이런 의미로 볼 때 소셜 네트워크는 인간관계 속에서 개인의 삶에 큰 회오리바람을 몰고 왔다고 볼 수 있다.

인류학자 마가렛 미드, 실용주의 철학자 존 두이 같은 사상가들은, 인간은 태어나는 순간부터 이미 사회관계 속으로 들어갈 수 있는 능력을 부여받았다는 18세기 식 고리타분한 사상을 반박하고 있다.

거미줄처럼 촘촘하고 잘 조율된 조건에서 태어난 아이라고 하더라도, 어머니 태속에서 안전하게 성장하던 태아가 세상에 태어나자, 아주 다른 세계에 당황하게 된다. 그는 새로운 사람과 만나야 하고 관계를 가져야 된다. 그리고 그들과 어떻게 대화를 할 것인 가를 알아야 한다.

언어라고 하는 사회를 구성하는 기본적인 체계와 더불어 우리 성격의 본체를 형성하는 데 직접적인 영향을 주는 사람들과의 만남을 통해 무의식적인 선택에 따라 형성되어 간다는 것이다. 만약에 인간과의 전혀 관계를 맺지 못하고 태어나자마자 깊은 산 속에 있는 동굴에서 짐승처럼 산 사람이 있다면, 그 사람의 인격은 전혀 형성되지 못했을 것이다. 삶은 다른 사람들과의 관계에서 얻어진 사랑의 결실이다.

다른 사람들과의 관계 속에서 상호적인 사랑을 유지시킴으로써, 다른 사람들이 정신적으로 성장할 때, 우리들의 자아도 성장할 수 있다.

근본적으로 우리들 인간만이 사랑을 할 수 있다. 그것은 인간만이 성장할 수 있는 정신을 소유하고 있기 때문이다.

그러므로 다른 사람들과 상호의존은 종교적인 이상주의가 아니다. 이것은 인간 실체의 가장 포괄적인 사실이다.

"당신은 당신이 만나는 이웃과 협력관계를 가져야 한다"는 말은 심리학에 있어서 가장 큰 계명이고, 대부분의 어려운 문제들은 이 계명의 전개과정에서 나타난다.

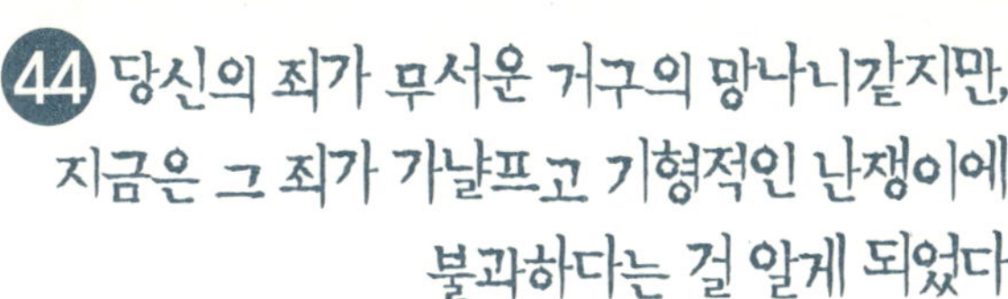

44 당신의 죄가 무서운 거구의 망나니같지만, 지금은 그 죄가 가냘프고 기형적인 난쟁이에 불과하다는 걸 알게 되었다

혼외정사 문제로 고민하던 'A' 라는 신사는 서울에 있는 어느 조그마한 성당을 찾아 갔다.

그는 신부를 따라 장미가 꽂혀있는 조그마한 밀실로 들어갔다. 그는 장미를 쳐다보며 '서브로사'의 의미가 담겨있음을 알았다. 어떠한 고백을 해도 모든 것을 비밀로 지켜준다는 표시로 장미가 미소 짓고 있었다.

그는 신부 앞에서 자기의 내면의 생각을 말로 표현할 수 있도록 유도되었다. 그리고 오래된 체기가 내려가는 듯 후련한 마음이었다. 그러나 신부 앞에서 고해를 통해 짓누르고 있던 많은 짐을 털어놓았음에도 불구하고 그 짐은 표면상에 그대로 남아있어 그를 다시 괴롭히기 시작했다. 그것은 자기가 지은 죄에 대한 고백으로 소화제를 먹은 효과를 얻었지만, 내면세계에서 흘러나온 죄책감은 더욱 구체화되기 시작했던 것이다.

신부가 들고 있던 성경은 잘못을 하고 용서를 구하기 위해서 여기에 대한 벌을 예상하면서 나온 어린 아들의 눈에 비친 아버지의 회초리같이 보였다.

그는 자기가 지은 죄가 무조건 용서되지 않으며, 그가 지불해야 할 죄 값을 알고 있었다.

이러한 내면의 심리는 어떠한 유익한 훈계라고 하더라도 인정하지 않으며 내적 마음의 평화를 경험하지 못한다. 고해란 내부세계에서 도사리고 있는 죄의 근원적인 뿌리를 뽑아내지 못하고 오히려 인생의 표면에서 맴돌게 한다.

신부는 그에게 간음이 얼마나 추악한 죄인지를 진부하게 반복해서 역설했다. 그는 죄 값에 해당하는 형벌 때문에 또 하나의 새로운 공포심을 가지게 되었다.

자기가 지은 죄에 대한 죄책감을 말로 표현함으로써 많은 표면적인 효과를 얻을 수 있다. 그러기 때문에 가톨릭교회의 고해성사는 고통을 분출하는 근원적인 뿌리를 찾지 못한다. 죄가 도사리고 있는 통로를 들여다봄으로써 그 죄를 미워하기보다는, 죄를 짓게 된 동기에 대해서 분석해 볼 필요가 있다. 인간은 누구나 유아기적 나약함을 지니고 있기 때문이다.

바람피우는 어머니를 목격한 당신은 나약한 아버지에 대한 연민과 어머니에 대한 증오와 분노가 결국은 당신을 나약한 성격의 소유자로 만든 것이다. 그렇기 때문에 당신의 내부세계는 분노와 원망과 걱정과

정욕과 질투가 혼합되어 있는 타오르는 지옥을 연상하게 됐다. 이러한 감정들은 나래를 타고 나와서, 자신의 눈에 객관적으로 조명되어야 한다. 이러한 내부의 갈등이 당신을 혼외정사로 끌어들인 것이다. 여성에 대한 두려움과 증오는 많은 여성들과 계속되는 정사를 갖게 만들었고, 여기에 대한 죄책감은 당신을 괴롭히고 있는 것이다.

현대의 심리학은 고해와는 달리 고통을 분출하는 근본 원인을 찾아낼 뿐만이 아니라 어려운 신경성 원인을 알아내고, 바람직하지 못한 충동의 방향을 교체시키고, 문자 그대로 유아기적 나약함을 지닌 인간을 성숙한 인간으로 변화시켜 준다.

심리 상담실에서는 신부와의 밀실에서 이루어지는 고해와는 달리 고통을 분출하는 근본원인을 찾는다.

심리 상담실은 모든 것을 구체적으로 제시하고, 그 원인을 아주 기본적인 상태로 되돌린다. 그에게 스위치가 있는 곳을 가르쳐 주고, 바람직하지 못한 전류를 밖으로 내 보내는 방법을 가르쳐 준다.

이 모든 것은 사람의 양심에 가책을 주지 않고 이루어진다. 그는 또한 자신이 내적인 충동이나 불안을 말한다고 해도 심리 상담자의 손에는 아무런 벌칙도 마련되어 있지 않다는 것을 발견한다.

그는 무엇을 해야 한다거나, 어떻게 해야 한다는 소리를 듣게 되는 것이 아니라, 정직하게 자기의 얼굴을 보고 스스로 독립적인 결단을 하도록 격려 받는다.

그는 지나간 어린 시절의 소란 속에서 이런 것들의 기원을 이해하게 되고 현재의 가치의 더 큰 틀 안에서 이것들의 무의미함을 깨달으며, 새롭게 얻은 이해와 납득의 창조적인 빛 안에서 이런 것들은 자유롭게 거절할 수 있다.

이제는 자신의 본성을 두려움 없이 들어가 봄으로써 어떤 행동이 혼외정사를 하게 했는지를 알게 된다. 또 그는 어린 시절과 사춘기에 만났던 유령들의 실체를 면밀히 관찰할 때 그것들은 마치 안개처럼 자취도 없이 사라지게 된다.

이밖에 무서운 생각, 가공할 만한 환상, 의식의 밑바닥에 잠재되어 있는 죄로 가득 찬 꿈도 조종될 수 있는 것이다.

"과거의 괴물이었던 너희는 이제 빛 속에 있고, 그 빛 속에서 이제는 나를 지배할 힘을 잃어버렸다."라고 말할 것이다.

당신이 내적 분노의 작은 감옥에 갇혀있을 때는, 당신이 지은 죄가 무서운 거구의 망나니같이 보이지만, 그러나 지금의 당신은 (분노의 강 속에서 나온) 그 죄가 가냘프고 기형적인 난쟁이에 불과하다는 것을 알게 되었다.

45 네 자신을 먼저 사랑한다면 네 이웃도 사랑하게 될 것이다

하나님의 음성은 어디에서 들을 수 있을까, 성경만 펼치면 그 속에서 나오는 하나님의 음성을 언제든지 들을 수 있다.

"눈에 보이는 네 부모를 사랑하지 못하면서, 눈에도 보이지 않는 나(하나님)를 사랑한다 하느냐…."

아이러니컬하게도 종교는 타인에 대한 나의 사랑, 나의 의무에 대해서만 지나치게 강조한다. 그러나 자기 자신에 대한 의무와 사랑에 대해서는 유난히도 소홀하다.

이 얼마나 모순 된 일인가.

자기 자신도 사랑하지 못하면서 다른 사람을 사랑한다는 것, 얼마나 모순 되고 비도덕적인가.

사랑은 때로는, 다른 사람들에게 "네 이웃을 네 몸같이 사랑하라"고 할 때, "네 자신을 먼저 사랑한다면, 그때 네 이웃도 사랑하게 될 것이다"라는 뜻으로 이해할 수 있다.

'다른 사람들을 사랑하기 이전에 자기 자신을 먼저 사랑하라'는 것이 비도덕적이고 비윤리적이라는 매우 위험한 이론을 선언하고 있다고 분개하는 종교 지도자도 있을 것이다.

오늘날 대부분의 종교지도자들은 이렇게 말하고 있다.

"당신은 사람들에게 '그들 자신을 사랑하라'고 충고함으로써 이기심을 조장시키고 있다. 인간은 이미 자기 자신을 너무 많이 사랑하고 있다."

사람들이 실천해야 하는 자기애는 악이라는 것과, 그것을 극복해야 한다는 것, 그리고 인생의 진정한 목표는 다른 사람들에 대한 이타적인 봉사 속의 자아극복이라는 것이다.

이와 같이, 이기주의(자기를 사랑하는 것)를 단죄하고 이타주의를 고양시키는 것이 종교의 전통적인 태도이다. 이것은 가치 있는 목표를 확실하게 돋보이게 하지만, 인간성에 대한 종교적 견해는 많은 오류가 있다.

사람들은 전통적으로 다른 사람들보다 자기 자신을 종종 더 엄격하고 더 격렬하며 더 가혹하게 다루는 것은 사실이다.

술을 많이 마시면 알코올 중독자가 될 수 있고, 담배를 계속해서 피우면 폐암에 걸릴 수 있고, 마약을 상습적으로 복용하면 그것이 죽음으로 가는 지름길이라는 것을 알면서도 사람들은 이것들을 즐기고 있다.

어떤 수도사는 불타오르는 듯한 강한 성적 욕구를 이겨낼 수 없어 모기가 들끓는 웅덩이에 들어가서 고행의 길을 택했고, 미국의 수필가인 채프먼도 친구와 말다툼 끝에 뜨거운 불길 속에 손을 밀어 넣자, 순식간에 심하게 타 버려서 끝내는 손을 절단해야 되었다. 반 고흐는 화대로 자기의 왼쪽 귀를 잘라 창녀에게 주었다.

이와 같은 자학적인 행동들은 우리자신에 대해서 뿐만이 아니라 사회에 대해서도 범죄가 될 수 있다. 자신을 미워하고 자신의 능력에 대해 적절한 보상을 받지 못한 사람들은 사실상 다른 사람들에 대해서도 존경심을 갖지 못한다.

사람들은 형제들에게서 자신의 손상된 이미지를 보게 될 때 그들을 미워하게 된다.

자기 자신을 적당히 사랑하는 것, 이것이 바로 평화로운 사회와 평화로운 마음에 초석이 된다.

선한 행위와 도덕적인 생활의 선행 조건으로서 "적당히 자기 자신을 사랑하는 것"을 주장한다.

사람은 따뜻한 마음으로 자신을 존중해야 한다.

"쏘지 마, 쏘지 마."

이 말은 젊은 시절 화려하게 시작한 정치무대에서 40여 년간 살인, 술, 섹스, 부패, 부정을 일삼았던 리비아의 독재자 카다피가 세상을 끝내면서 한 말이었다.

셰익스피어는 〈오델로〉 3막 3장에서, 카시오가 데스데모나와의 연애 사건을 잠꼬대로 말했다는 이아고의 거짓말을 오델로가 반박하면서, 그의 아내가 간음했다는 사실은 확실한 일이라고 소리치는 대목에서 "a foregone conclusion"이란 말을 한다. '필연적인 결론', 처음부터 다 알고 있는 정해진 결론이라는 뜻이 된다.

이러한 결론이 결국은 이 연극을 비극 속으로 이끌어가는 가장 중요한 요소가 되었다. 정치가들은 연설을 끝낼 때 자신의 강한 의지를 표명하기보다는 위대한 사람들의 말을 인용하면서 신의 가호를 기원한다.

말을 많이 하는 사람은 말을 끝내는 것을 두려워하기 때문에 말이 더 길어질 수밖에 없고, 교사들은 강의를 끝낼 때 다음 시간에 읽을 거리를 숙제로 내 주면서 강의를 끝낸다.

인생을 함부로 제멋대로 산 사람들은 인생을 끝내는 시간에 두려움과 공포에 시달린다. 법원의 판사는 피고인들을 유죄로 결정할 때 상당한 심리적인 압박감에 괴로워한다고 한다.

우리는 인생을 수직으로만 보는 경향이 있지만, 평면으로 보면 인생의 시작도 끝냄도 동시에 볼 수 있다. 우리는 과거만 볼 수 있는 것이 아니고 미래도 볼 수 있다. 시험 문제를 미리 보고 시험을 치른다면 얼마나 잘 풀릴까 생각만 해 보아도 신나는 일이다.

우리는 인생에서 절대적인 것을 성취하지 못했다고 해서 우리 자신을 학대하는 행위를 멈추어야 한다. 또한 인생은 시작과 끝맺음, 성공과 실패의 혼합물이라는 것을 알아야 한다.

지상에서 아무리 위대한 사람이라도 신성함이나 죄를 독점하지 못한다는 진리를 이해할 때, 우리는 인생의 마지막 페이지를 고쳐 쓸 수 있다.

시작이 좋으니 끝맺음도 좋았다.
이것은 우리가 바라는 멜로드라마가 아닌가?

유전자가 환경의 영향을 받아 변화된다는 것이다. 타고난 천재는 없다는 것을 의미한다. 우리가 가지고 있는 유전자는 환경의 영향을 받아 켜지고 꺼지고를 언제나 반복할 수 있다. 다른 말로 표현한다면, 우리라는 존재는 딱딱한 돌 판에 새겨진 것이 아니고 말랑말랑한 돌 위에 새겨졌기 때문에 언제든지 다시 조각될 수 있다는 것이다.

타고난 운명이라든지, 재능, 능력 같은 것은 안개 속에 씌어진 글씨 같은 것이기 때문에 쉽게 지워버릴 수 있다. 우리가 우리의 삶을 어떻게 이끌어 가느냐에 따라 우리의 삶이 변한다는 것이다.

우리들이 갖는 희망, 인내, 믿음, 우리 이웃에 대한 사랑과 특출한 결의만 있다면, 비록 당신이 노년에 접어들었다고 해도 위대함을 꿈꿀 수 있다는 것이다.

레몬을 깨물면 레몬 과즙은 즉시 혀 밑에 있는 타액 분비선으로 하여금 '아밀라아제'와 '말타아제'라고 불리는 두 가지의 소화효소를

분비하게 한다. 이 효소들은 레몬 과즙 속에 있는 당분을 소화시키기 시작하여 그것을 위속의 소화액에게 넘겨준다. 입속에 음식이 들어오면 저절로 소화 작용이 촉발되는 것이다.

그런데 레몬의 모습을 마음속에 떠올리거나 '레몬' 이라는 말을 세 번 떠올린다면 어떻게 될까? 소화시켜야 할 것이 아무 것도 없지만 역시 입 속에 침이 고이고 동일한 효소가 분비된다.

뇌에서 보낸 메시지가 실제로 음식이 입 속에 들어오는 것보다 더 중요한 것이다. 말과 이미지는 진짜 음식과 같은 생명작용을 한다.

『마인드 바이러스(Mind Virus)』, 브로리의 책 이름이다. 사람과 사람 사이에 침투해 사고방식과 행동에 영향을 줄 수 있다는 밈(Meme) 과학을 대중적으로 다룬 책이다. 사람의 마음도 마치 바이러스처럼 퍼져 나간다고 한다. 내가 긍정적으로 생각하면 Good mind virus가 다른 사람을 감염시켜 그가 행복해지며 긍정적으로 생각하게 된다는 것이다.

내가 부정적으로 생각하면 Bad mind virus가 다른 사람들에게 전염되어, 그가 불행해지며 부정적인 생각을 하게 된다는 것이다. 삶을 행복하고 긍정적으로 유도하는 마인드 바이러스를 의식적으로 퍼뜨려야 한다는 것이다.

타고난 천재는 없다. 그들이 천재가 되기를 원하는 한, 그대들은 자기가 원하는 분야에서 천재적인 역할을 해낼 수 있다.

48 책 속에는 역사의 소리가 있고
철학이 부르짖는 산울림이 있다

책 속에는 역사의 소리가 있고 철학이 부르짖는 산울림이 있다. 책이 세상에 탄생하면 이것은 하나의 생명을 지니게 되며 독립적으로 존재한다.

'성경(Bible)'은 글자 그대로 '책(Book)'이란 뜻이다. 오늘날 성경은 사람들의 한 부분이 되어 울고 웃으며, 그 속에서 다양한 인간상을 만난다.

나는 새로운 책을 만나면 기대감으로 가슴이 터질 듯이 뛴다. 나는 책을 읽으면 읽을수록 내가 지금까지 알고 있었던 모든 사실들이 틀렸다는 것을 알게 될 때 새로운 도전을 받게 된다.

오늘날 토크 쇼의 여왕으로 불리는 오프라 윈프리는 18세의 가정부 출신 미혼모에서 태어났고, 자라면서 주변 사람들로부터 성추행을 당했고, 자신도 14세에 첫 아이를 출산해 미혼모가 되었다. 그런 그녀가 제대로 교육을 받았을 리 없다. 그러나 그녀는 독서를 통해서 가장 확실하고 위대한 교육을 받았다. 그녀는 교육을 제대로 받은 수많은 사람들보다 더 훌륭한 일들을 해냈다.

마이크로 소프트를 세계 최고의 기업으로 키운 빌 게이츠는 "나를 키운 것은 도서관"이라고 말했다. 한 권의 책이 사람의 생애를 변화시키듯이 또 한 권의 책이 비즈니스의 흥망을 결정할 수 있다.

종교적인 학자는 아니었지만, 라틴어, 그리스어, 히브리어를 구사할 수 있었던 웹스터는, 1833년에 주석을 단 수정된 성경책이 출판되기까지 60년의 세월을 보냈다. 그는 문맥을 명료하게 고쳤을 뿐 만 아니라, 문법적인 오류도 수정하였으며, 너무 오래된 말은 새 낱말로 교체하였다.

찰스 다윈은 그의 책『종의 기원』의 첫 인쇄 부수가 너무 많다고 생각했었다. 그러나 첫 인쇄판 1,250부가 판매 첫 날 완전히 매진됨으로써 그의 예상은 완전히 빗나가고 말았다.

아이작 뉴턴이 케임브리지대학에서 강의하고 있을 때 매우 중요한 원고를 분실했는데, 그것은 4~5년에 걸친 화학 실험으로 이루어진 색과 빛에 대한 연구였다.

영국의 유명한 사학자인 토머스 칼라일도 1835년 프랑스 혁명의 역사에 관한 원고를 분실했다. 원고를 완성한 뒤 교열을 받기 위해서 존 스튜어트 밀에게 주었는데, 밀의 하녀가 한 페이지에 60단어가 들어있는 167장의 원고 뭉치를 불을 지피는 데 써버린 것이다. 토머스 칼라

일은 자료를 다시 수집해서 써야만 했다.

유명한 탐정소설 『셜록 홈즈』의 작가인 코난 도일은 그가 창작한 첫 『셜록 홈즈』의 원고를 우편으로 출판사에 보냈는데 도중에 분실되고 말았다.

『성 요한의 폭로』라는 책은 그 당시의 로마 황제 네로를 비난하는 글이었다. 그러나 그 책의 저자는 황제 이름을 그대로 적어 출간하면 화를 면치 못할 것을 예감하고, 네로 대신 666이란 숫자로 바꾸어 책을 출간하였다. 그 후 666이란 숫자는 비술가들에게는 주술을 요하는 악마나 사악한 존재를 의미하는 숫자가 되었다.

할데만 줄리우스는 책 표지로 책을 팔 수 있다고 믿는 사람이었다. 1920년 그는 고전 명작들에 새 이름을 붙이거나, 깨끗하고 값싼 표지로 다시 출판함으로써 백만장자가 되었다.

할데만 줄리우스는 또 1919년에 자신이 쓴 『작고 푸른 책』을 판매하기 시작하였다. 1951년 그가 죽기까지 캔자스주 지라드에 있는 그의 인쇄소에서는 5억 권에 달하는 책이 2,000개 이상의 새로운 이름으로 재출판되었다.

종교학의 권위자인 엘리아데는 서재에 화재가 나서 그의 책들이 몽땅 다 탔었다. 그는 그 충격을 이겨내지 못해 세상을 떠났다.

토마스 제퍼슨은 노모와 같이 한 집에서 살고 있었는데 일하던 하인

의 실수로 집에 불이 났다. 그는 이 사실을 제퍼슨 대통령의 집무실로 달려가서 일렀다. "내 책도 불 타버렸는가?" 이때 하인은 "어머님은 무사히 구조되었읍니다."라고 했다.

제퍼슨은 소리를 쳤다. "내 책은 불탔는가?라고 묻지 않는가?"

산 위에 있는 나무들, 쳐다만 보아도 그 속에서 우주의 비밀이, 철학이 쏟아져 나오는데, 왜 사람들은 그 나무를 베어서 종이를 만들고 그 종이 위에 인쇄를 해서 책을 만들어 읽어 보는지 모르겠다고, 천재 시인 칼릴 지브란은 한탄했다.

미셸 드 몽티뉴(그는 행정 장관직 및 1581년부터 1585년까지 보르데우스 시장을 역임했다)는 "만일 자식과 책 중에 하나를 선택해야 할 경우, 당신은 당신의 자식을 불태워 죽이겠습니까? 아니면, 당신의 책들을 불태우겠습니까?"라는 수사학적 질문에 응당 자식을 태우겠노라고 말함으로써 기자를 부끄럽게 만든 적이 있었다.

책 속에 길이 있다. 우리는 지금, 아직도 더 가야 할 길을 힘겹게 걸어가고 있다.

49 우리 인간은 헛된 것일지라도 환상을 가져야 우리를 억누르는 허무를 이길 수 있다

하와이의 아름다움은 우리들의 상상을 초월할 정도이다. 호놀룰루 공항에 내리자마자 꽃향기를 싣고 오는 신선한 공기가 우리를 환영한다. 나는 이곳에서 살면서 많은 훌륭한 사람들을 만났고, 그들과 대화하고 또 친구로 만들었다. 그리고 매우 특별한 친구를 사귀었는데, 그것은 '자연'이란 이름의 친구이다.

카피올라니 파크(Kapiolani Park)는 500에이커나 되는 광활한 공원으로 이곳에서 각종 야외 스포츠와 피크닉과 같은 파티를 즐길 수 있다. 와이키키 동쪽 다이아몬드 헤드가 시작되는 완만한 들판에 잡은 녹음이 울창한 공원이다.

나는 가끔 카피올라니 파크를 찾아와서 큰 나무 그늘에 내가 갖고 간 의자를 펴고 앉는다. 태평양 한 가운데서 불어오는 시원한 바람이 내 얼굴을 스치고 지나갈 때, 수억 년 동안 물결치며 생생히 살아왔던 바다의 과묵한 입술에서 말소리가 들려왔다. 나를 최면 상태로 몰아넣은 듯 사유의 역동성으로 가득해지며, 해변에서 올라오는 강렬한 에너지가 영원성을 체험하고자 하는 존재의 한계 영역을 무한히 넓히고 있었다.

　인간의 마음은 아무 것도 씌어져 있지 않은 흰 종이, 여기에 침묵의 언어로 써지고 있었다.

　우리 인간은 헛된 것일지라도 환상을 가져야 우리를 억누르는 허무를 이길 수 있다. 안 그러면 정신이 정체되고 마비된다고 한국을 방문한 콩파뇽 교수는 말했다.

　문학은 왜 존재하는가? 독자들에게 꿈과 환상을 심어주기 위해서다
　우리는 왜 과거의 문명에 대해 모르고 있을까? 도대체 어떤 문명이 과거에 존재했을까? 우리가 누리고 있는 이 문명이 지구 위에서 생긴 최초의 문명인가? 하는 의문들이 나를 사색에 잠기게 했다.

　그대들은 왜 학교에 가야 되며, 입시전쟁을 치루기 위해서 맹훈련을 받아야 되는가? 그대들은 고등학교를 나오고 대학교를 가야 되고 그리고 또 시험을 쳐서 직장을 얻기 되면, 그 직장이란 커다란 공룡 같은 우리 안에서 상사라는 존재의 눈치를 보며 일을 해야 하는가.
　그대들은 누구를 사랑해 보았는가, 자살충동을 느껴 보았는가…. 이런 아픔을 참고 견디는 이유는 무엇인가.

　우리의 현실세계에서 체험하는 고통은 우리의 인식 속에서 감지되지만 고통과 아픔 뒤에 비밀스럽게 숨어있는 아름다운 세계는 볼 수도

들을 수도, 만질 수도 없다. 그러나 나는 그 아름다운 세계를 상상만
해도 내가 마치 그곳에 가 있는 것처럼 내 가슴은 큰 기대로 뛰기 시작
한다.

　글을 쓰는 일이 아픔과 고통을 주지만 글을 쓰는 즐거움을 갖는 이
유는, 그 아름다운 세계에 대한 기대로 받는 다양한 황홀감 때문이다.
그리고 이러한 기쁨을 독자들과 같이 나누고 싶은 마음에서이다.

　그대들이 갖는 아름다운 세계에 대한 기대로 받는 다양한 황홀감을
누구와 같이 나누기를 원하는가 알고 싶다.

　삶이란, 내가 지금까지 생각해 왔던 생각의 틀을 초월해서 있는 새
로운 세계라는 것을 알게 될 때, 새로운 행복이 그대들의 마음속에서
흘러가고 있다는 것을 느끼게 될 것이다.

50 "당신도 해낼 수 있어" 이 말은 자본주의의 상징인 광고회사에서 만들어 낸 말이다

프레데릭 베엑베데의 『99프랑』이란 소설이 있다.

신은 자신의 무한함에서 모든 사물에 자신의 존재를 적어두었고, 그의 위대함은 가장 보잘것없는 미물에서도 현시되었다.

그러나 프랑스의 작가인 베엑베데는 "모든 것이 돈을 버는 것만이 그들의 유일한 목적인 광고회사의 아이디어에서 나온다"고 그의 소설에서 주장했다.

노만 빈센트 필이나 로버트 슐러 그리고 한국의 아무개 목사, 그리고 미국에서 제일 큰 교회의 목사인 조엘 오스틴…. 그들이 주장하는 '임파워먼트'는 모두 광고회사의 광고 아이디어에서 나온 부산물이라는 것이다.

『누가 내 치즈를 옮겼을까』라는 책은 미국에서만 1,000만부 이상 팔렸다. 한국에서는 『꿈꾸는 다락방』이란 책도 100만 부나 팔렸다고 한다. 이러한 지나친 긍정적인 이데올로기는 소비 자본주의와 같이 번식해 왔다.

"당신은 뭔가를 해낼 수 있어!(You can do it!)"와 같은 말은, 모두 자본주의의 전능함을 공표하고 있다.

미국 뉴욕 월 스트리트(Wall Stree)t을 가 보자.

돈은 물결처럼 여기저기 흘러가며, 결코 잠을 자는 일이 없다.

세계 자본주의의 중심지는 뉴욕의 월 스트리트다. 극단적인 부의 축적과 빈곤의 거대함이 투쟁을 벌이는 곳이다. 또한 다양한 저항운동도 벌어진다.

영화 〈월 스트릿〉에서 마이클 더글라스는 한 달에 10억 달러를 번다.

그렇기 때문에 "Occupy" 같은 시위대가 월가를 점령하게 될 날도 얼마 남지 않았다.

인간의 의식에 대한 데카르트의 유명한 말 "나는 생각한다. 고로 나는 존재한다."는 말은 "나는 돈을 지불한다. 고로 나는 존재한다."로 바뀌어졌다.

윌리엄 셰스피어의 〈햄릿〉에서 "사느냐 죽느냐, 그것이 문제로다"가 아니라, 모든 것이 구매될 수 있는 현재의 세상에서는 "지불하느냐 마느냐, 그것이 문제로다"의 독백으로 변화된다.

우리들의 발아래에 21세기 문명이 와 서있다. 21세기 문명은 곧 돈의 문명이다. 주식 가격이 오르고 내리는 것이 문제이고, 주택 가격의

상승과 하락이 문제가 되는 세상이다. 돈은 날이 갈수록 우리 인간들이 필요로 하는 필수조건이 되어가고 있다. 현재 우리들이 살고 있는 이 세상은 오직 값이 나가는 것만이 가치 있는 것이다.

9.11테러 사건의 희생자 2,800명의 직계가족에게 미국정부는 희생자 당 약 200만 달러를 보상했지만, 남성에 비해 여성이, 젊은이들에 비해 늙은이들의 보상금이 적었다. 그러나 페루에서 온 불법이민자의 생명 값은 24만 달러밖에 되지 않았지만, 연봉이 400만 달러 받은 사람에게는 640만 달러를 지불했다.

생명 보험회사에서는 사람의 생명을 절대적인 가치로 보지 않고 통계학에 의한 상대적 가치만으로 본다. 당신의 가치는 얼마나 나가나요? 노인이 될수록 인간의 가치는 하락하고 있다고 평가하는 것은, 내가 지금 젊다고 해도 어느 때에는 내 존재가치가 하락하게 된다는 것을 의미한다.

섹스피어의 〈리처드 3세〉에서 주인공은 말한다.
"이제 우리의 불만의 겨울(Winter)이 왔군."

모나리자의 조그마한 그림은 방탄유리로 덮여 있었고, 그 속에서 웃는 모나리자의 미소는 애매하고 다면적인 웃음이라고 『서양 미술사』의 에른스트 곰브리치는 대충 얼버무린다.

그녀의 미소를 묘사하거나 포착하기가 어려웠고 미묘한 구별은 어느 정도 느낄 수 있었지만 상세하게 설명하기는 불가능했다.

미묘한 여성의 마음은 예민하고 예리하며 빈틈없으며 식별력이 있으며, 통찰력을 축복의 선물로 받았기 때문에, 남성의 진실한 사랑만이 여성에게 완전한 수준을 부여할 수 있다.

연극이나 영화배우가 정교한 연기를 하기 위해서는 작가의 진정한 마음을 읽을 수 있어야 한다.

어떤 문장이나 단어의 문자적인 의미는 그것을 비유적인 의미보다는 분명한 실제적 의미를 갖고 있다. 그러나 문자적인 의미가 비유적인 의미로 해석될 때가 있다.

"태양아 서라"고 한 것은 실제로 태양이 기브온 위에 서 있었던 것이 아니고 서 있었던 것처럼 보인 시적이며 비유적인 표현이라는 것이다.

당신이 오스트레일리아 원주민에 의해 던져진 부메랑(Boomerang)에 대해 읽을 때, 당신은 아마도 던진 사람에게 되돌아오는 구부러진 나무 막대기를 상상하게 될 것이고, 립서비스 뿐인 정치가에게 손상을 주는 부메랑에 대해 읽을 때, 당신은 이것이 그가 이전에 말하였거나 경력 속에 미리 설정해 놓은 어떤 제안이 이제는 돌아서 그를 해치는 결과가 되는 것과 관계된다는 것을 알게 될 것이다.

원주민들에게는 부메랑은 문자 그대로 문자적인 의미로 사용되었고, 불행한 정치가의 경우에, 이것은 비유적인 의미로 사용될 것이다.
같은 의미로, '원주민이 아무 것도 입지 못하고 있다'고 할 때, 이것은 문자 그대로 '벌거벗은 것'을 말하고, 가난한 젊은 아가씨가 '입을 것이 없어서 파티에 가지 못 한다'고 할 때, 그녀는 누드가 된다는 것이 아니라 '그녀의 옷가지가 제한되어 있다'는 것을 비유적으로 말해준다.

이름다운 여성의 미소는 무한한 임파워먼트를 가지고 있다. 그녀는 자기를 접근해 오는 것을 차단할 수도 있고 통과시킬 수도 있다.
남성의 진실한 사랑만이 그녀에게 완전한 수준을 부여할 수 있기 때문이다.

52 좀 느긋하게 사는 법을 배우라

잔뜩 물기 머금은 숲은 싱그럽다.

킹콩이 살아있을 듯 한 울창한 밀림은 그 색이 다르다. 가운데 삐죽 솟은 봉우리는 바늘을 닮았다고 해서 '이아오 니들(Iao Needle)'이라고 부른다.

푸른 야자수 그늘과 눈부시게 하얀 백사장이 눈에 들어왔다.

꿈에서나 볼 수 있는 낙원, 이곳이 마우이 섬이 아닐까.

마우이 서안의 카나팔리 해변은 하얏트 호텔을 비롯해 웨스틴 쉐라톤 메리어트 고급 호텔들이 밀집한 신흥 리조트 밀집지다.

바닷바람도 유독 이곳에서 부드럽고 바다 건너 라나이(Lanai) 섬으로 지는 석양은 언제 보아도 아름답다.

긴 의자에 누워 마냥 햇볕에 몸을 태우거나 야자수에 묶은 해먹(hammock)에 누워 책을 읽고 짧지만 달콤한 낮잠을 즐기며 명상에 한 번 빠져 보는 것, 이보다 더 좋을 순 없다.

좀 느긋하게 사는 법도 배울 수 있는 곳이 하와이가 아니겠는가?

하와이에서 살던 사람이 뉴욕이나 서울 같은 대도시의 출근하는 사람들을 보면 걸어가는 것인지 뛰어가는 것인지를 구별해 내지 못한다.
사람들은 인생에 있어서 큰 위험이 닥쳐온 것처럼, 혹은 카산드라의 예언이 성취되어 오고 있는 것처럼 안절부절 못한다.

사실 위험에 처했을 때 취해야 할 가장 좋은 방법은 느긋해지는 것이다. 그 느긋함 속에서 신속한 행동이 산출되기 때문이다.
인생의 중요한 창조적이며 생산적인 에너지는 느긋한 아침, 창문을 열고 떠오르는 태양을 맞이할 때 그곳에서 들어온다.

하와이 사는 사람들은 느긋하다.
무엇을 하든 "빨리"라는 말을 쓰지 않는다. 그들은 느긋히 걷고 느긋하게 말한다. 그러나 그들이 빙판에서 스케이트를 탈 때는 누구보다도 빠르다.
느긋하게 사는 거북이는 성급한 호랑이보다 100 년이나 더 오래 산다고 하지 않는가.

생명 보험회사통계에 의하면, 느긋하게 사는 하와이 사람들은 미 대륙에서 사는 사람들보다 5년 더 장수한다고 한다.

좀 느긋하게 사는 법을 배우자.

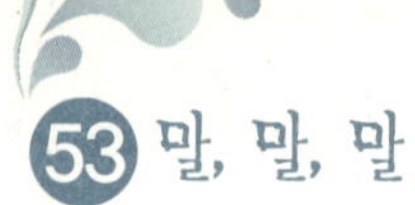

53 말, 말, 말

영국의 자연과학자 찰스 다윈이 성경에서 창조에 관한 문자적인 해석을 반박하기 위해 자연적인 선택이론을 전개했을 때, 고정관념에 젖어 있던 교회의 목사들이나 성당의 신부들로부터 오는 항변이 주위에서 말벌 떼같이 날아들었다.

사람들은 논쟁할 때 말에 주의하여 후에 후회감이 생기지 않고 치유할 수 없는 상처를 만들지 않도록 해야 한다.

셰익스피어의 〈햄릿〉 5막 2장에서 햄릿은 모자를 손에 들고 공손하게 절하는 오스릭에게 "모자를 바로 쓰게. 매우 추운 날씨이니까."라고 말하자 오스릭은 "날씨가 매우 덥습니다."라고 반박했다.

햄릿이 계속해서 "날씨가 매우 춥다."라고 말하자 그의 말에 동의한다.

그러나 햄릿은 "다시 생각해보니 날씨가 매우 덥군."이라고 말하자 오스릭은 "맞아요. 주인님, 매우 덥군요."라고 알랑거리며 동의한다.

말은 우리를 행복해지게 할 수도 있고 가슴 치며 분함과 괴로움으로 소리 지르게도 한다. 말에는 우리를 황홀경의 극치에 도달하게 하는 흥분제가 있는가 하면, 우리를 지옥으로 떨어지게 하는 느낌을 갖게 하는 독소가 들어 있다.

모호한 말을 하는 사람은 자기 자신을 분명하고 효과적으로 표현할 수 없고, 자신의 사상이나 감정을 이해시키거나 효과적인 방법으로 나타내지 못하는 사람이다. 수줍음이 많은 사람은 말을 분명히 하지 못하는 경우가 많다.

예를 들면, 영국의 세 자매 소설가 중의 한 사람인 샤롯테 브론테는 그녀의 소설 『제인 에어』를 당시 영국의 최고 소설가인 윌리엄 새커리에게 바쳤다. 새커리는 그녀를 런던에 있는 자기 집으로 초대했다. 그녀를 보기 위하여 새커리의 친구들이 몰려들어서 그녀에게로 다가가 대화를 시도했지만, 그녀는 함구무언이었다. 몹시 부끄러워서 얼굴을 못 들고 있는 브론테에게 새커리가 물었다.

"런던을 좋아하십니까?"

그런데 그녀는 아무 말이 없었다. 그러자 다시 물었다.

"런던을 좋아하십니까? Yes 아니면 No로 대답하세요."

그러자 브론테는 간신히 얼굴을 들며 말했다.

"Yes."

일본 나카소네 총리는 "노력해 보겠습니다" "선처하겠습니다" 혹은 "전향적으로 검토해 보겠습니다"라는 모호한 말을 하기로 유명하다.

이런 표현은 'may be'로 해석되어야 했고, '아마도'라고 말을 했다면 'No'로 생각하는 것이 안전했다. 그러나 만약에 그가 'No'라는 말을 썼다면 어떻게 해석해야 될까? 그것은 걱정할 필요가 전혀 없다. 왜냐하면 나카소네 같은 직업정치가들은 결코 'No'라는 말은 하지 않기 때문이다.

글을 잘 쓴다는 신문기자나 작가들 사이에서 모호한 문장을 발견하게 된다. 한편 사람이 너무나 흥분하면 때때로 불투명한 말을 하게 된다.

그러나 가장 문제가 되는 것은 소위 에그헤드들이나 정치가들이 쓰는 모호한 말이다. 그들은 의도적으로 분명하지 않은 말을 씀으로써 앞으로 닥칠지 모르는 위기를 은폐하고자 하는 것이기 때문이다.

박정희 대통령은 '한국식 민주주의'란 매우 모호한 말을 써서 독재 정치가에게 닥칠는지도 모르는 위기를 의도적으로 모면하고자 했다.

"No"라고 말할 줄 알라. 누구에게나 모든 것을 허락해서는 안 된다. "아니요" 라고 말하는 것은 "네" 라고 말하는 것만큼 중요하다.

학부모들은 아이들을 가르치는 선생님에게 촌지라는 명목으로 돈을 넣어 준다. 이때 이들은 "No"라는 말을 쓸 수 있어야 된다.

만일 당신이 당신의 의사를 전달하고자 한다면 분명하게 표현하는 것이 중요하다. 주의 깊게 말을 하는 것과 생각을 정리하여 적절한 단어를 전달함으로써 상대방에게 의심의 여지를 남기지 말아야 한다.

토마스 칼라일은 이렇게 말을 했다. "역사에는 과거에 관해 명백하

게 들을 수 있는 소리가 있다"라고.

아서 헬프스도 이렇게 말했다. "항상 무엇인가를 듣고, 항상 무엇인가를 생각하며, 항상 무엇인가를 배운다."

말하는 능력은 어렸을 때부터 익혀야 하는 아주 중요한 기술이다. 버락 오바마, 오프라 윈프리, 마틴 루터 킹 주니어처럼 조목조목 말을 잘해야 리더로 클 수 있다.

말하는 기술부터 배우자.

제6장 라이프 스타일

54 다른 사람들의 불행과 고통 속에 나의 행복이 존재하는가?

독일의 염세주의 철학자 쇼펜하우어의 수상록을 읽다 보면 'Shaden Freud'라는 단어가 나온다. '다른 사람들의 불행과 고통 속에서 나의 행복이 존재한다'는 뜻을 가진 단어이다.

이 얼마나 무서운 일인가!

아일랜드의 연설가이며 정치가였던 에드문드 버크는 "나는 다른 사람의 불행과 고통 속에 우리의 기쁨이 존재한다고 믿는다."라고 말했다.

섹스피어의 비극 속에서 우리는, 우리 자신의 행복을 느끼기 때문에 우리는 그의 작품이 위대한 것이라고 말한다

인간은 다른 사람의 성공과 행운과 행복을 진정으로 축하하지 못하지만, 다른 사람의 불행에 대해서는 값싼 눈물을 흘리며 자신을 위로

한다.

다른 사람의 불행을 기뻐하는 인간! 그러면서도 다른 사람들을 사랑한다고 말하는 인간은 얼마나 모순적인 존재인가!

드라마에서 주인공들의 불륜관계로 가정이 파탄으로 곤두박질 할 때 사람들(시청자)은 야릇한 쾌감을 느낀다. 그래서 불륜을 다룬 작품은 인기가 높다. 사람들은 누구나 행운을 잡고 성공한 사람들을 은근히 부러워하면서도 그 내면에는 질투와 미움의 감정이 끓고 있다.

그렇기 때문에 이들에 대한 '스캔들'을 폭로한 잡지들이 잘 팔린다. 이들이 불행해질 때 사람들은 까닭 없는 우월감을 느낀다고 한다.

드라마의 작가인 김수현의 〈천일의 약속〉에서 주인공인 서연에게 불행은 한 치의 관용도 없이 연달아 휘몰아친다. 1년이란 짧은 시간의 행복이 지나자, 알츠하이머라는 청천벽력이 찾아온다. 서연에게 불행의 폭풍이 닥칠 때마다 시청률은 올라간다고 하니 이 얼마나 아이러니컬한 일인가!

우리는 더 이상 우리 자신을 순수한 어린 아이로 여기지 말고, 흠 없는 천사와 같이 보지도 말며, 결점을 가득 담고 있는 유한한 성인 남녀로 보아야 한다.

"하나님이 창조한 만물에는 흠이 있다." 이것은 에머슨(Emerson)이 한 말로, 어쨌든 하나님은 어떤 음악(인간 삶의 흐름을 의미함)도 그의 완전한 사랑을 불충분하게 이해하고 부르는 인간의 흠 있는 노

래, 불완전한 아코르 코드(Chord)를, 완전한 화음을 내며 부르는 천사
의 노래보다 더 아름답게 여기신다고 했다.

사실 우리나라는 너무 공휴일이 많다. 그것은 노태우 전 대통령 때문이었다. 그렇지 않아도 공휴일이 많은 한국 실정에 일반 대중의 호의를 얻기 위하여 구정을 3일 동안 공휴일로 정하고, 추석도 3일 동안 공휴일로 정한 것은 그의 실정(失政)에 속한다. 사실 대중의 마음은 변덕스럽고 예측할 수 없다.

영국의 시인 존 드라이든은 "정치가들은 일반 대중이 무엇을 생각하는지에 신경 쓰지만 그들은 때때로 옳고 때때로 틀리다. 그들의 판단은 단순히 복권 뽑기와도 같다."라고 말했다. 그러나 영국의 수필가인 웬트 워즈 딜론은 "대중의 판단은 항상 틀리다."라고 했다.

노태우 대통령도 노사분규를 해결하지 못하여 한국 경제를 위기에 몰아넣었을 뿐만이 아니고, 그들의 판단에 항상 리드 당한 연약한 대통령이었다고 생각한다.

단발령이 내렸을 때 유생들은 어떠했는가! 땅을 치며 통곡했던 편협했던 관료주의적이며 선비주의적이고, 유아독존적인 고정관념의 희생자들이었다.

이러한 신념의 잔재가 아직도 우리의 의식 속에 남아 우리의 현실세계에 영향을 주고 있지 않은가!

구약시대 사람들은 태양이 지구를 돈다고 믿고 있었고, 콜럼버스 이전 사람들은 지구가 평평하다고 믿었기 때문에 지구의 끝으로 가면 떨어져 죽는다고 생각했다.

1,600년에 종교재판소는, 지오다노 부르노를 지구가 움직인다고 주장했다는 이유로 화형을 시켰고, 빛의 자연성에 관한 책을 슨 안토니오 디도미디스도 그의 저서와 함께 화형을 시켰고, 당시의 최고 과학자인 갈릴레이도 체포, 고문하여 지동설을 포기하도록 했다.

수천 년의 인류역사 동안, 우리는 잘못 인식된 신념과 고정관념의 소용돌이 속에서 살아왔다. 조선조 500년 동안 그릇된 유교적 고정관념의 잔재가 아직도 남아 오늘날 우리들의 마음속에서 떠나지 않고 있다.

『뇌내혁명』이란 베스트셀러를 낸 하루야마 시게오 박사는, "인간은 지구에서 생겨난 것이 아니고, 우주의 어디에서 날아온 것이 아닐까?"라고 말했고, 1973년 노벨 물리학상을 수상한 프란시스 클릭(Francis Click) 박사도, "지구상의 생명체의 기원은 어떤 지적인 존재에 의하여 의도적으로 파종된 것"이라는 이론을 제시했다.

코넬 대학의 천문학 교수였던 칼 세이건은 외계에 지적 존재가 있느냐에 대해 매우 개방적이고 진보적인 태도를 취했다.

볼테르의 '마이크로 메가'라는 이야기에는 외계인들의 모습이 상상으로 묘사되어 있다.   E.T.I.들은 72개의 감각으로 세상을 인식한다고 했다.

만약에 외계의 지적 존재가 발견된다면 오늘날 우리의 가치관과 종교관이 하루아침에 깨지는 문화 충격을 받게 될 것이다. 그렇기 때문에 NASA에서는 E.T.I.나 UFO에 대한 모든 정보를 갖고 있지만 절대로 공개하지 않는 것 같다.

우리는 아직 지구 저편의 생명의 존재를 입증할 만한 충분한 증거를 발견해 내지 못하고 있다. 우리는 그 일을 위해서 탐사를 시작하는 단계에 와 있다. 오늘 우리가 아는 것은 단지 내일은 새로운 정보, 더 나은 정보가 생길 것이라고 기대하는 것이다.

생명의 본질은 한 곳에 머물지 않고 끊임없이 변하는 것이 특징이다. 사물을 보는 인간의 사고방식을 근본적으로 바꾸어 놓을 때가 왔다고 본다. 어떤 일들이 생길는지, 우리는 내일을 모르고 있다.

돈을 빌려주지도 않고 빌리지도 않는 매우 신중한 사람에 관한 이야기를 들어 보자.

그는 잔액 천원을 지불하기 위하여 4천원의 교통비를 들여 직접 가져다주는 빈틈없는 신중하고 조심성 있고 주의 깊은 사람이었다. 그는 모든 일에 능숙해서 전문가다운 노련한 솜씨를 보여주었고 그의 옷차림은 매우 검소해서 10년 동안이나 입은 하얀 실밥이 빠져나오는 색이 다 바랜 잠바를 입고 있었으며, 20년째 신는다는 검은 색 구두는 오그라져 터져 버릴 것만 같았다. 그는 동전을 모아 두었다가 한 달 신문값을 지불하는 알뜰한 사람이었다.   그리고 남의 돈을 빌리는 일이 없었고 친구가 빌려달라고 하면 보기 좋게 거절했다.

나는 이 신중한 사람에게, 이러한 부류의 사람들은 '신중한 이기주의자'라고 부르고 싶다.   이들은 우연을 바라거나 위험을 무릅쓰고 행동하지 않으며 결코 성급한 일이 없다. 이러한 성격의 사업가들은 자

신이 하는 일에 관해서 잘 알고 있으며, 많은 생각 끝에 일을 착수하여 결정을 내린다.

스코틀랜드에 있는 신중한 이기주의자에 관한 에피소드가 있다.

어느 날, 그가 저녁에 먹은 고구마에 체하여 밤새 답답함을 참아낼 수가 없었다. 자정이 훨씬 지난 새벽에 그는 중탄산소다를 사기 위해 4마일이나 떨어진 곳에 사는 약제사를 찾아가 그를 깨웠다. 잠에서 깨어난 약제사는 "도대체 어떤 일로 오셨습니까?"라고 물었다. "소화가 잘 되지 않아요. 2페니치 중탄산소다를 주세요."

"소화불량이시라구요? 중탄산소다보다는 뜨거운 물 한 컵을 드세요!"

이 신중한 이기주의자는 약 없이 그냥 가도 된다는 약제사의 이야기를 들었을 때 자신의 2페니를 절약했다는 기쁨에 감격해서 새벽에 깨운 약제사에게 사과의 말 한마디 없이 총총걸음으로 4마일을 걸어 집으로 돌아갔다.

우리는 이웃을 얼마만큼 사랑할 수 있을까?

『이기적인 유전자』를 쓴 리처드 도킨스는 "우리의 유전자는 이기주의로 살도록 설계되었기 때문에 우리는 그 설계된 그대로 살 수 밖에 없다"고 했지 않은가.

이타주의를 추구할 때 사람들은 좁은 문을 선택해야 한다.

우리는 나 아닌 다른 사람이 가진 독특한 개성에 대해 내적인 관용을 갖고 개인주의적인 끈끈한 유혹을 이겨낼 수 있을 때만 이웃에 대한 사랑을 보일 수 있다.

사람과 사람 사이에는 보이지 않는 끈으로 연결되어 있다. 한 쪽에서 밀면 다른 쪽이 무너지게 된다. 사실상 우리가 사는 세상은 가혹한 법과 질서로 가장 가까운 이웃들에게 이웃에 산다는 사실 하나 만으로 세금을 요구하며 산다. 그 넓은 중국 땅 한 평도 정복하지 못하는 개인적인 폭군이 되어가고 있다.

예술적인 기질을 가진 아들에게 자신의 사업을 계승할 것을 강요하는 아버지나 정년퇴직을 하게 되는 목회자가 그 후임으로 자신의 아들을 내세워 세습하는 목사들(미국 캘리포니아 가든 그로브에 있는 수정교회의 슐라 목사는 후임으로 딸에게 세습했다)을 보게 된다.

딸이 바라는 삶과 그녀의 라이프스타일을 미묘하게 거절하면서, 자신의 보살핌에 대해 연민과 죄의식으로 묶어두려는 어머니를 쉽게 찾아 볼 수도 있다.

하늘의 어떠한 별들도 같은 모양을 한 것이 없고, 모든 눈송이도 각각 독특한 모양을 하고 있을 만큼 다양하고 변화무쌍하다.

"나는 당신의 의견에 동의하지 않는다. 그러나 그렇게 말하는 당신의 권리를 위해서는 끝까지 보호할 것이다."

철학자 볼테르(Voltaire)의 이러한 말은, 시대나 장소를 불문하고 관용과 이해의 사상에 관한 완벽한 언급이다.

만약에 당신이 대통령에 유권자의 60%의 지지를 얻어 당선되었다

고 해도, 당신을 반대한 40%의 사람들의 인권과 권리를 위해서는 끝까지 보호해야 된다.

이 말은 동의했던 자나, 동의하지 않았던 사람들 모두 같다는 뜻이 된다.

잘못 만난 배우자와 결혼생활을 한다는 것은 고귀한 영혼을 소멸시키는 결과를 가져온다. 교회에서 목사가 하는 지루하고 긴 설교나 성경공부는 성도들을 졸리게 하고 무기력하게 하며, 법정에서의 끝없는 반대 심문은 배심원들이 겪는 지루하고 싫증나는 경험이다.

셰스피어의 〈존 왕(King John)〉 3막 4장에서, 프랑스의 공주 루이스는 "졸리는 사람의 둔한 귀를 성가시게 하는, 두 번 듣는 이야기처럼 지루하고 싫증이 나는 것은 없다."고 외쳤다.

호머는 그의 『오딧세이』에서 "이미 한 이야기를 다시 듣는 것은 지루한 일이다."라고 말했으며, 프랑스의 소설가 아나폴 프랑스는 "거짓말이 담겨있지 않은 모든 역사책들은 매우 따분할 정도로 지루하고 싫증이 난다"라고 말했다.

또한 영국의 사전 편찬가인 파울러는 『현대 영어용법』에서 "과장된

인용문들은 싫증을 유발시키는 첩경이 된다."고 했다.

　내가 한 이야기를 자기가 새로운 사실을 알고 있는 것처럼 나에게
해주는 이야기처럼 지루하고 싫증나게 하는 것도 없으며, 내가 모르는
다른 사람들에 대한 사적인 이야기를 족보를 들춰가면서 하는 말을 듣
는 것처럼 지루하고 싫증나게 하는 것도 없다.
　영국의 소설가인 서머셋 모음은 "바가지 긁는 자와 같이 산다는 것
처럼 지루하고 싫증나는 일은 없을 것이다."라고 했다.

　오늘날 탐욕스러운 지도층이나 정치권의 소모적 언쟁과 거짓말, 막
말을 해대는 국회의원들에게서 국민들은 염증을 느낀다.

폭풍이 몰아치고 있을 때에 누가 과연 시냇물 소리를 듣고 있을까?

안젤리나 졸리 주연의 〈Changeling〉이란 영화가 있었다. 요정이 예쁜 아이를 앗아가고, 대신 두고 간 작고 못난 아이, 바꿔진 아이를 의미한다.

2011년 5월에 종영되었던 이조 말기를 배경으로 한 〈짝패〉는 바뀐 아이들에 관한 이야기이다.

바뀐 아이들의 운명은 항상 비극적이다. 그리고 'Foundling'이란 단어는 우리를 슬프게 하는 단어임에 틀림없다. '거리에서 주운 아이' 혹은 '버린 아이를 주워온 아이'를 의미한다.

'기아(Foundling)'란 그 어머니가 사랑과 믿음으로 잉태해서 공포와 고통 속에서 출산하고, 그 갓난아이를 영영 잊지 못할 사랑의 포대기로 폭 싸서 고아원 앞에 버리고 억누르는 십자가의 무게로 고개를 들지 못하고 종종걸음으로 사라져 간 어머니가 버린 갓난아이를 의미한다. 그러나 우리는 그녀의 비극을 몹쓸 짓이라고 비난하면서 그 비극을 극대화해서 우리가 위안을 받는다.

59 무지가 축복인 이 세상에서
현명해지는 것이 어리석은데…

　소크라테스의 용모는 두 눈은 튀어나왔고 코는 짜부라진 사자코 같이 흉하고 옷에서는 땀에 절은 악취가 나고 있었다. 이러한 얼굴에서는 한 번도 웃음이 터져 나온 일이 없었다.

　그는 날마다 길거리 사람들, 홈리스들, 아테네의 젊은이들과 미소년들을 상대로 철학적 논제를 가지고 대화를 하고 다녔다. 그는 돈 없고 못 생기고 글도 쓸 줄 몰랐지만, 그와 한 번 대화를 나눈 사람은 그의 철학적 사고에 매료되고 그의 내면세계에서 풍기는 아름다움에 도취되곤 했다.

　결국 소크라테스는 고발되어 재판을 받고 사형이 확정되었으나, 죽음 앞에서도 평정을 잃지 않는 모습은 생사를 초월한 곳에 삶의 진정한 모습이 담겨져 있다는 것을 말해주고 있었다. 독배를 마시기 전 소크라테스가 갑자기 웃기 시작하자 옆방에 있던 죄수가 물었다.

　"웃음을 모르고 사시던 선생님 무엇이 그렇게 우습습니까?

　"어리석은 세상을 사는 현자의 침묵이 폭발하는 소리네."라고 그는

대답했다고 한다.

소크라테스가 웃었다는 것은 대단한 사건이었다. 마르틴 루터는 "하늘나라에서 웃음을 허락하지 않는다면 그곳에 가고 싶지 않다"고 했으며, 아놀드 그라소우는 "웃음이란 전혀 부작용이 없는 최고의 진정제"라고 말했다.

영어 단어 중에 'Bliss'는 아마도 가장 매력적인 단어임에는 틀림없다. 이 단어의 뜻은 다양하다. '천국의 기쁨, 최고의 행복, 극도의 기쁨과 만족, 그지없는 행복…' 등이다.

결혼의 행복(Wedded Bliss)과 마음 편한 독신생활(Single blessedness)은 동전의 반대 면과 같다.

독일의 시인인 쉴러는 "마음이 기쁨으로 취하는……"이라고 할 때 기쁨을 bliss라는 단어로 표현했고, 첫사랑의 황금기에 대해서 쓸 때도 bliss라는 단어를 선택했다.

영국의 시인인 워즈워드도 '은둔의 즐거움'을 'The bliss of Solitude'라고 했고, 조지 쿠퍼도 '옛날의 즐거움'을 'The Blissful dreams of Long ago'라고 했다.

"무지가 축복인 이 세상에서 현명해지는 것이 어리석다."

이 말은 소크라테스가 독배를 마시기 전에 남긴 말인데 토마스 그레이가 인용했다.

토마스 그레이의 『Where Ignorance is bliss』에서 이들은 왜 현명해지기를 원하고 있는가?

우리는 묻고 또 묻는다. 그 질문에 대한 답이 나올 때까지……

제7장

진·선·미

60 꾸미지 않은 순결한 그 모습
진주 빛 단조로움에서 나온 광채를 사랑한다

나는 젊은 시절, 한 때 하와이에서 택시 운전을 한 적이 있다. 내 택시 첫 번째 손님은 한 아름다운 여인이었다.

그녀의 젊은 몸에서 풍기는 꾸미지 않은 순결한 모습에서 진주 빛 단조로움을 느꼈다.

영국의 버나드 러셀은 수학에는 진리뿐만이 아니고 전혀 꾸미지 않은 지고의 미美가 있다고 했고, 엘리어 와일러는 그녀의 시 〈야생 복숭아〉에서 나는 꾸미지 않은 순결한 그 모습, 진주 빛 단조로움에서 나온 광채를 사랑한다고 했다.

그녀에게는 어떤 표현으로 설명할 수 없는 'Glamorous(흥분과 모험에 찬)한' 신비가 깔려 있었고, 그 속에는 밝고 아름다운 한 영혼이 깃들어 있었다.

엘리자베스 여왕시대에는 만약에 경범죄자가 성경 시편의 한 구절

을 쓸 수 있다면 용서를 받았다. 이렇게 읽고 쓸 수 있다는 것은 대단한 일이었다.

고대 이집트의 제사장들은 권위를 지키기 위해서 읽고 쓰는 기술을 사원의 비밀로 지켰고, 일반 사람들은 이런 기술을 경외감을 가지고 바라보게 만들었다.

영국에서는 윌리엄 섹스피어 시대까지만 해도 읽고 쓰는 능력을 신비스럽게 여겼다. 무식한 농부들이 글을 읽고 쓴다는 것은 마법에 가까운 신비로 여길 정도로 불가사의한 일이었다.

이렇게 글을 읽고 쓰는 데 기본이 되는 문법(Grammar)은 세월이 흘러가면서 신비감이 내포된 새로운 단어 'Glamour'란 가장 매혹적인 단어를 탄생시키게 되었다. 여성의 매력은 차려입은 옷에서 흘러나오기보다는 여성의 내면세계에서 어딘지 모르게 느껴지는 고상한 매력을 지닌 품격에 있다고 볼 수 있다.

여성에게는 타고난 성적인 신비로움이 온 몸에 감추어져 있는 것만은 사실이다.

아일랜드의 작가 제임스 조이스가 그의 자전적 소설 『스테판 헤로』가 출판사에서 거절당했을 때 그는 펜대를 꺾어 버렸다.

다시는 글을 쓰지 않겠다고 다짐을 하고 실의에 빠져 있을 때, 그의 동료이며 연인이었던 실비아 비취가 다시 다른 소재로 글을 쓸 것을 권고하며 위로했다.

다시 쓰기 시작한 소설이 영문학에서 금자탑을 쌓아 올린 『율리시즈』였다.

실비아 비취는 런던으로 갔다가 다시 프랑스로 돌아와 문학을 깊이 있게 공부하려 했지만, 뜻밖에 파리에서 미국문학 전문서점을 차리게 되었다.

개점한 다음 두 번째 손님이 앙드레 지드였다니, 프랑스 지식인 사회에 이 서점이 끼친 영향을 짐작하고도 남는다. 영국에서는 에즈라 파운드가 찾아오고 미국에서는 헤밍웨이가 들렸다.

나는 실비아 비치처럼 고상하고 우아한 여인을 서울 인사동에 있는 어느 유명한 고서점에서 만났다. 이 고서점에는 소설의 대중성과 통일성을 합류한 김내성의 대표작인 『청춘극장』과 그의 마지막 작품인 『실락원의 별』이 눈에 들어왔다.

25세의 젊은 나이에 요절한 나도향의 『물레방아』, 『벙어리 삼룡이』 그리고 26세의 꽃다운 나이에 죽은 이하의 시집(작가는 그의 시를 써서 비단 망태기에 넣고 짊어지고 다녔다)과, 27세에 한 많은 세상과 작별한 천재 시인 이상의 시집도 있었다.

프랑스의 유명한 수학자인 엠마누엘 페랑은 "이상은 시대를 넘어서는 총체적 다원적 예술을 선 보였던 예술가"라고 극찬했다.

한국의 유명한 문인들…. 안수길, 박목월, 김동리 등이 이 고서점을 찾아오기 시작했다. 예술적인 가치가 있는 고서를 만지는 손길은 사랑하는 여자의 몸을 애무하는 것처럼 떨리고 흥분되는 일이다.

나는 오후 4시만 되면 이 고서점을 찾아가서 실비아처럼 긴 목에 흑진주 목걸이를 내려 키가 한층 더 크게 보이는 이 고서점의 여주인과 문학 이야기로 꽃을 피우며 커피를 마셨다. 이 때 내 스승이신 박목월

선생님이 이 고서점으로 들어오시는 것을 보았다.

　내 택시를 탄 여인은 인사동 고서점의 여주인처럼 깔끔하고 우아한 용모를 지니고 있었다.
　꾸미지 않은 순결한 그 모습 진주 빛 단조로움에서 나는 광채를 사랑한다.

스코틀랜드의 철학자 데이비드 흄은, "사물의 아름다움은 그것을 생각하는 마음속에 존재한다"라고 말했고, 이 말은 후에 아일랜드의 소설가, 마가렛 울프 헝거포트에 의해 "아름다움은 연인의 눈 속에 있다"라는 압축된 말로 표현했으며, 미국의 소설가 루 웰리스에 의해 "아름다움은 전부 연인의 눈 속에 존재한다"라는 말로 다듬어졌다.

이 세 사람이 말한 미에 대한 이야기는 미의 발견이 사람에게서든 사물에게서든 주관적인 과정 속에 존재한다는 것을 말해준다.

로미오의 부모의 객관적인 눈에는, 줄리엣이 원수 가문의 딸로 보였지만 로미오의 주관적인 눈에는 목숨을 바쳐서라도 사랑하고 싶은 천사로 보였다.

1994년 김수현의 드라마 〈작별〉에서 청순한 처녀 강예림은 과거가 있는 남자를 사랑한다. 그러나 그녀의 부모는 한사코 그들의 결합을 반대한다.

그 이유는 강예림의 주관적인 눈에는 그 사람이야말로 그녀가 지금까지 찾고 있었던 이상적인 남성으로 보였고, 예림의 부모의 객관적인 눈에는 그 사람의 과거만 보였기 때문이다.

단테가 베아트리체를 처음 만난 것은 9세 때였다.

베아트리체는 단테보다 한 살 아래였다. 9년 후에 둘은 다시 만났다.

그때의 베아트리체는 단테의 주관적인 눈에는 천사 같았지만, 그녀의 객관적 눈에는 단테보다 다른 남자가 더 훌륭해 보였기 때문에 그와 결혼한다. 그러나 그녀는 아깝게도 24세의 꽃다운 나이에 요절한다.

필자 역시 항상 그래왔듯이, 내가 생각하는 것, 그리고 글로 표현하는 것과 말하는 것, 모두가 옳고, 다른 사람들이 틀리는 것을 알아내는 데에 쓸데없는 시간을 소비했다. 기독교는 옳고, 힌두교나 불교는 올바르지 못하고 비뚤어졌다는 고정관념 속에서 글을 써 왔고, 기독교가 아닌 타 종교가 옳지 않다는 것을 증명하는 데 많은 에너지를 소모해 왔다.

『익명의 그리스도(Unknown Christ)』라는 저서에서 하버드대 교수인 파스크는, 힌두교 속에서도 이름을 숨긴 그리스도가 역사하셨다는 것을 강조하고 있다.

여자들이 남자들로부터 가장 받기 좋아하는 꽃이 아마도 장미일는 지도 모른다.

장미는 아름다움과 연약함, 사랑의 상징이며, 또 창조와 비밀과 부활한 예수를 상징하기도 하기 때문이다.

고딕식 성당 건축물에서 많이 보이는 장미 모양 창문은 생명과 창조를 나타내거나 믿음과 희망을 나타내는 것으로 여겨졌다. 사랑과 낭만의 상징으로 장미는 어느 정도 설명이 필요하다.

많은 사람들이 즐겨 사용하듯이 'rose'란 단어는 'eros'란 단어를 뒤바꿔놓은 것이다. 로버트 번즈는 사랑을 '6월에 새로 피어난 붉은 장미'에 비유하였다. 그리고 독일에서는 신랑이 결혼 직전에 신부에게 은색 장미를 선물하는 데, 이 관습이 리처드 스트라우스의 오페라 〈데르 로젠카발리에〉의 기초가 되기도 하였다.

고전 시대 이후 장미는 비밀의 상징이었다. 16세기 영국에서 종들은 귀 뒤에 장미를 꽂았는데, 이것은 이들이 모든 비밀을 들었으나 절대로 탄로시키지 않겠다는 것을 의미하였다.

독일의 경우, 식당에 있는 장미는 손님들이 말이 새어나갈 염려가 전혀 없이 자유롭게 말할 수 있다는 것을 의미하였다.

어떤 미지의 청년이 장미 한 송이를 들고 온다면 피하세요. 왜냐하면 장미의 아름다움과 미움, 아름다움과 연약함, 아름다움과 강함, 그리고 아름다움과 고통을 나타내는 상징적인 꽃이기 때문이다. 극에서 극으로 가는 길에는 항상 위험이 뒤따르기 때문이다.

그러나 어떤 사나이가 황금빛 나팔 수선화를 들고 온다면 받으세요.

영국의 시인 워즈워드는 "시인은 즐겁지 않을 수 없다(a Poet could not but be gay)"라고 했다.

"한 더미의 황금 빛 나팔 수선화들은 미풍 속에서 사랑하는 모습으로 가슴이 두근거리며 떨고 있고…. 꽃의 무리들은 유쾌하고 명랑하여 신바람 난 신혼부부처럼 보이는데…. 시인이 어찌 즐거워하지 않을 수 없는가!"라고 했다.

명랑하고 건강하고 생기 가득한 우호의 정신이 깃든 사람을 만나면 그 기분이 나에게 전염되어 나도 유쾌해진다.

흰 수염을 달고 붉은 옷을 입은 산타클로스가 오두막집을 찾아가는 모습을 보면 나도 모르게 쾌활해진다.

셱스피어의 〈맥베스〉 3막 2장에서, 근심과 걱정에 꽉 차 있는 멕베스에게 그의 부인이 이렇게 말한다.

"오늘날 당신의 손님들에게 밝고 명랑하게 대하세요."

63 좋은 성격을 가진 여성은 미모의 여성보다 더 아름답다

좋은 성격을 가진 여성은 미모의 여성보다 더 아름다움의 속성을 비춰주는데, 이것은 호감을 사는 상냥한 성격의 소유자(Amiable Person)라고 할 수 있다.

이 사람은 성격이 온화하고 낙천적이며 세상에 대해 비관적이 아니고 낙관적이며, 부정적이 아니고 긍정적인 사람을 의미한다.

요셉 에디슨은 "좋은 성격을 가진 여성은 미모의 여성보다 더 호감을 주는 분위기를 얼굴에 나타내게 된다"라고 말했다.

에드워드 기본은 『로마제국의 흥망』이란 역사책에서, 인간 본성의 호감을 사는 연약함에 대해 언급했고, 리차드 쉐리던은 '스캔들 학교'라는 작품을 통하여 호감을 주는 연약함에 대해서 이야기하고 있다.

이러한 말들은 모두 인간이 사소한 결점에 대해서 아주 호의적으로 말함으로써 문제를 가진 사람이 훨씬 더 인간적인 면이 있다는 것을 의미하고 있다.

좋은 성격을 가진 여성은 비록 인간적인 연약함이 있다고 하여도 칭찬 받을 만한 일을 하고, 어려움 속에서 연마될 수 있는 좋은 기질이 행복한 결혼 생활로 이끌어 가는 데 기여할 수 있다고 본다.

좋은 성격을 가진 사람들은 다른 사람들에 대해서 비평하거나 부정적인 태도를 취하지 않으며 마음의 상처를 주지 않는다.

상냥한 성격의 소유자는 다른 사람이 말을 하고 있을 때 끼어들어 그 사람의 애기를 중단시키지 않으며, 그 사람이 말을 끝맺을 때까지 기다린다.

그는 항상 다른 사람들에 대해서 비평하거나 비난하는 대신에 칭찬을 한다.

칭찬 한 마디는 가난한 사람의 오두막을 광대한 대저택으로 만들며, 비난하는 말 한 마디는 미세한 먼지에도 곧 주저앉고 만다.

칭찬은 솔로몬의 궁전으로 바꾸어 놓는다.

틴에이저들은 다른 사람으로부터 자기네들에게 관심을 집중시키기 위해서 문신을 하며, 머리를 탁발승처럼 깎기도 하며 옷을 기이하게 입는다. 이들은 예찬에 굶주린 늑대같이 행동한다. 집시들은 다양한 빛깔의 의상들로 기이하게 보이게 해서 주의를 집중시키고 예찬을 구걸한다.

어떤 사람들은 자기네들이 새로 산 집의 벽난로에서 불꽃이 번쩍거리게 해서 대리석 벽에 기이한 불꽃 그림자를 던져 방문객의 시선을 끌게 한다.

사람들은 칭찬이란 건강 보조식품을 먹을 때, 행복해진다고 한다.

좋은 성격을 가진 여인은 아름다움의 극치인 유연성을 가지고 있다. 마치 버드나무 가지처럼 휘기가 쉬우며 유연하며 당당하다.

영국의 시인 랄프 호지슨(Ralph Hodgson: 1871- 1962)은 다음과 같은 시를 썼다.

Eve, With her body White,
Supple and Smooth
To her finger Tips.
하얀 몸의 이브
손끝까지 온통 유연하고
부드럽구나.

제8장

비극의 탄생

64 삶의 경주에서 더 빨리 뛴 경주자

죽는 자는 삶의 경주에서 다른 선수보다 더 빨리 뛴 경주자로서 횃불을 다른 경주자에게 건네주고 있다.

죽음이란, 생명을 유지시키는 유일한 방법이며, 세계질서의 한 부분이다.

죽음 없이는 새 생명을 기대할 수 없고 세계 질서를 유지할 수 없게 된다.

인생이란 여름의 공원에서 뛰어노는 아이들과 같다.

하늘을 찌르는 듯한 태양 광선도, 저녁이 되면 어두운 황혼으로 변하여 지상에 깔리기 시작한다. 이 때가 되면 벌써 집으로 돌아간 아이들도 있고, 좀 늦게 집에 가는 아이도 있다.

아주 캄캄한 밤이 되면 결국 공원에 있는 아이들은 모두 집으로 돌아가고 없다.

"인간의 삶은 별을 넘어 먼지로 돌아가는 것"이라고 안철수 교수는 말했다.

우리는 자신이 언젠가는 죽는 유한한 존재라는 사실을 수용하리만큼 용감하지 못하다. 우리는 두려움으로 떨면서 죽음이 기다리고 있는 절벽을 향해서 우회로를 만들면서 조금씩 접근해 간다. 사람들은 자기가 결국은 죽게 된다는 것을 알면서도, 매우 서글픈 일이지만, 사람들은 마치 영원히 살 것 같이 행동함으로써 죽음에 대한 두려움을 감추려고 한다.

인간이 죽음에 대한 두려움으로부터 해방하지 못한다면 삶에 있어서도 자유로울 수 없다. 우리는 죽음을 생각하지 않음으로써가 아니라, 오히려 거기에 정통하고 익숙해지는 방법을 배움으로써 그 두려움으로부터 벗어날 수 있다.

두려움 중에 가장 큰 두려움인 죽음이라고 해도, 그것이 쓰고 있는 베일을 벗어버리면 실체가 나타나는데, '아! 그것이 아무 것도 아닌데 왜 그렇게 두려워했지?' 하게 된다.

이렇게 우리 자신은 죽음에 대해서 잘 훈련시킴으로써, 죽음이란 공포에서 자유로워진 우리 자신을 보게 된다.

이렇게 해서 많은 유용함을 얻을 수 있다. 우리는 죽음에 대해서 준비할 필요도 없고 그것을 환영할 필요는 없다. 죽음을 준비(생명보험 같은 것…)할 필요가 없는 것은, 그것은 우리의 의지 밖에서 일어나는 현상이가 때문이다. 신이 준 생명을 담보로 해서 돈이 오고 가는 것은 바람직하지 않다.

『죽음 이후의 삶(On Life after death)』을 쓴 엘리자베스 로스(Elisabeth Ross) 박사는, 2만여 명의 근사 체험한 사람들의 사례를 연구한 맨해튼 주립 병원 정신과 의사이다. 그녀의 체험에 의하면 환자들이 죽음의 언덕을 넘을 때 고통과 분노로 괴로워하는 것이 아니고, 오히려 평안한 이완을 맛본다고 했다.

또한 정신과 의사이며 외과 의사인 윌리엄 오슬로 박사의 말을 들어보자.

"대부부분의 사람들은 영웅처럼 죽을 뿐만이 아니라 (나의 폭 넓은 의료 경험을 통해 볼 때), 실제는 고통이나 두려움 없이 죽는다."

자연은 그 자체가 우리에게 용기를 준다. 내가 완전한 건강상태에 있을 때 오히려 질병에 대해서 훨씬 더 두려워한다.

죽음도 이와 마찬가지이다. 살아있는 날의 당신의 하루는 다른 모든 날과 마찬가지일 것이다. 어떤 다른 밤도 없다. 죽음을 두려워 할 필요는 없다. 그것은 오히려 친구와 같은 존재이다. 더욱이 어떤 사람도 자신의 시간을 초월해서 죽지는 않는다. 당신의 뒤에 남아있는 시간이 당신의 것이 아닌 것은, 당신의 탄생 이전의 시간이 당신과 무관했던 것과 같다.

당신의 선조들이 당신을 위해 자리를 비워주었던 것처럼, 당신도 다음 세대를 위해서 자리를 비워주고 식당에서 배불리 먹은 손님처럼 휴식을 위해 떠나라.

삶의 가치는 그 기간에 있는 것이 아니라, 어떻게 사용하느냐에 달린 것이다.

짧은 생애 동안 충분히 긴 삶을 살고 세상을 떠나는 사람도 있다. 세상에 올 때 두려워하지 않았던 것처럼 떠날 때도 두려워하지 말고 떠나라.

삶의 경주에서 횃불을 다른 사람에게 건네주고 떠나듯이 떠나라.

우리는 우리에게 주어진 시간을 최상으로 만들어야 하고, 우리의 시간을 일시적으로 위임받은 사실을 의심하지 말아야 한다.

인간은, 많은 정원과 운동장, 그리고 잔잔한 수면 위를 떠나는 흰 보트를 띄우고 있는 푸른 호수로 채워진 대공원에서 하루를 보내도록 특권을 부여받은 아이들과 같다.

사실 우리 각자에게 부여된 그날은 진리와 빛과 아름다움에 있어서 같지 않다. 어떤 아이들은 지상이라는 정원에서 길고 햇빛비치는 날을 보낼 수 있는 특권을 부여받고, 또 다른 아이들은 짧고, 어두우며 황혼이 너무 빨리 몰려오는 하루를 부여받는다.

그러나 우리의 삶이 긴 여름 낮이든 짧은 겨울 오후이든, 거기에는 필연적으로 아주 푸른 하늘조차 뒤덮는 소나기와 우박도 있고, 가장 어두운 겨울 하늘조차 관통하는 햇빛도 있다는 것을 알아야 한다.

우리가 인생의 대공원에서 시간을 보낼 수 있도록 특권을 부여받은 모든 인간에게 동일하지 않지만, 우리가 소중히 하고자 하기만 한다면, 그 시간 안에서 충분한 아름다움과 기쁨과 즐거움을 누릴 수 있다.

우리 모두에게는 죽음이란 위대한 간호사가 인간이란 이름의 아이를 두 손으로 받아 들고 다음과 같이 조용히 말하는 순간이 온다.

“애야, 집에 갈 시간이야, 밤이 오고 있어, 땅의 아이야, 잠자리에
들 시간이 왔다. 이리 오렴, 너는 피곤하고 지쳐있구나. '대자연'이란
요람에 누워서 푹 자려무나. 낮은 지나갔고, 별들이 영원의 하늘에서
빛난단다.”

65 Finis와 Telos

오늘날, 전 세계에서는 너무나 짧은 젊음의 노래를 추억하는 아버지 어머니, 그리고 남편을 잃은 젊은 아내들이 있다.

한국전쟁을 보라, 월남전을 보라. 그리고 아프가니스탄 전쟁을 보라….

많은 젊은이들이 그들의 꽃을 피워보지도 못하고, 젊음의 노래를 다 불러보지도 못하고 안개처럼 사라지고 말았지 않은가.

우리는 첫 소절이 잘린 멜로디의 슬픔을 결코 최소화할 수 없는 반면에, 이 노래를 부르는 젊은 항해사들과 용감한 젊은 군인들이 자유의 요새에서 오랜 동안 눈물 흘리지 않는 삶을 원할 것이라는 것과, 그들의 출범 날에 용기 있고 희생적인 삶을 각오하고, 죽음으로 호출 받은 사명을 이해하기 위해 우리를 남겨두고 떠났으리라는 것을 확인할 수 있게 된다.

우리는 인간의 언어에서 발견되는 '끝'이란 단어의 두 가지 의미를 기억해야 한다. 하나는 종말(finis)이고 다른 하나는 목표(Telos)이다.

죽음은 종종 삶에서 끝도 아니고 목적도 아닌 종말이라는 의미로 사용된다. 인간에게 일어날 수 있는 최악의 비극은 삶의 바다에서 어떤 위대한 목적도 추구해 보지도 못하고 목표도 지니지 못한 채 종말을 맞아야 한다는 것이다.

잔다르크는 그녀의 꽃을 치우지 못하고 봉오리 만 남기고 19세에, 안네 프랭크는 봉오리도 남기지 못하고 16세, 이집트의 투탄카멘 왕은 사춘기의 때를 벗지 못한 18세에 요절했다.

모짜르트는 35세에, 알렉산더 대왕은 33세에, 슈베르트는 31세에, 발렌티노도 31세에, 셀리는 29세에, 제임스 딘은 24세에, 그리고 한국의 이상(李相)은 26세에 요절했다. 만약 이들이 좀 더 오래 살 수 있는 기회가 주어졌다고 하면, 더 웅장하고 화려한 무대가 펼쳐졌을 것이다.

우리는 어차어피에 한 번은 죽게 되는데 그 종말(Finis)을 완성하기 위해서는 여전히 불려지지 않은 인간의 성숙한 노래가 사장(死藏)될 필요가 없는 세계와, 비정상적인 슬픔과 비극을 참기보다는, 오히려 정상적인 슬픔을 조절하는 것을 배울 필요가 있는 세상을 건설하기 위해 분투해야 한다.

즉 모든 인간에게 자기완성의 기회를 제공하는 세계, 우리가 정오의 햇살을 쬐고 있을 때 죽음의 천사가 도적같이 다가오는 세계가 아니라, 인생의 노래가 우렁차게 퍼져 대기권을 뚫고 들어가 온 우주를 진

동시킬 때, 오랜 시간 후 우리를 본향으로 인도하는 해질녘의 친구처럼 정답게 다가오는 세계를 말이다.

66 내 안에 두 개의 다른 인격,
   혹은 다른 분신이 있다면…

언어의 마술사라고 하는 미국의 소설가 시드니 셸던의『텔미 유어 드림』이란 소설을 김 목사는 한 손에 들고 끝가지 읽어 내려갔다.

애슐리라는 아름다운 여인이 어렸을 때 친 아버지로부터 성 추행을 당해 자신의 내부에 본인도 전혀 알 수 없는 2개의 인격을 지닌 요조숙녀와 살인자로서 전혀 다른 분신을 갖고 사건이 전개되는 쇼킹한 이야기이다.

'전생회상(Past life recall)'이란 심리학 용어가 있는데, 이 세상에 태어나기 전에 살았던 전생을 기억해내는 것을 의미한다.

주로 2~5세 된 어린이들을 대상으로 최면을 걸어 말을 하게 하여, 전생에서 얻은 마음의 큰 상처나 너무나 억울하게 죽은 경험 같은 것을 찾아내어 현세에서 겪는 신체적, 정신적인 질병의 원인을 알아내 치유하는 것을 'Past Life Therapy'라고 한다.

의학 용어로 'Trauma'는 정신적, 신체적인 상처를 뜻하고, 정신 분석학에서는 영구적인 결과를 남기는 감정적인 쇼크나 놀라는 경험을 말한다.

사춘기 시절에 이성으로부터 받은 성적 접근이나 추행으로 인한 충격이 일생을 두고 자신을 괴롭힐 수도 있다.

어린 아이가 어렸을 때 어머니와 이별하는 것은 가장 심각한 충격을 줄 수 있는 경험에 적용된다.

사랑하는 사람의 상실은 정신적인 충격에 속한 경험에 해당되고, 결코 떨쳐 버릴 수 없는 충격으로 영향을 받게 된다.

어린아이들에게 "울지 마라, 그렇지 않으면 도깨비가 너를 잡아 갈 것이다."라고 어른들이 말하는 것은, 그 아이들의 전 생애를 통해서 크고 작은 심리적 상처를 받게 될 것이다.

공지영 작가의 『도가니』를 보라.

어린 지체 장애자들이 받은 성적 접근, 성적 폭행으로 인한 보이지 않는 충격이 일생을 두고 유령처럼 따라 다니면서 괴롭힐 수도 있다는 것을…

얼마나 잔인하고 두려운 일인가.

파우스트는 악마인 메피스토와의 계약을 파기하고 나서 그는 내면 깊은 곳에서 솟아오르는 이중적인 의식을 알아차리고 이렇게 말한다.

"아! 내 속에는 두 영혼이 자리잡고 있구나."

나는 파리 어느 허름한 거리에 있는 언더그라운드 극장에서 모노 형식으로 진행하는(1인칭을 초월한 독백체 문체) 사무엘 베케드의 〈고도를 기다리며(En Attendant Godot)〉를 보았다.

한 사나이는 국도의 작은 나무 옆에서 고도라는 이름의 사람을 기다린다.

그는 고도라는 사람이 무엇을 원하는지도 모르고, 그가 누구인지도 알지 못하며, 그가 어떤 외모를 가지고 있는지도, 그가 언제 올 지도 모르며 막연히 기다린다.

그가 실제 존재하는지도 확실히 알지 못한다.

고도는 여자일까? 혹은 남자일까?

우리는 어떤 형태이든 무엇인가를 기다리며 산다.

고도는 아마도 신일까? 어쨌건 부조리 문학(Literature of the

absurd)의 대표주자인 베케트의 작품에는 이런 생각을 할 수 있게 만드는 종교적인 암시가 충분히 존재한다(부조리 문학은 인간 존재의 무의미함, 인간의지의 전적인 무력함, 인간의 근본적인 야수성을 나타낸다. 까뮈, 이오네스코, 주네, 사르트르, 베케트 등이 여기에 속한다).

그러면 이 사람은 그들의 영적인 구원을 기다리고 있는 것일까?
아니면 고도는 어쩌면 죽음일까? 또는 고도는 혹시 의미를 찾는 일의 끝에 있는 목표인가? 그것도 아니면 고도는 희망일까?
그렇지도 않다면, 고도는 그저 아무 것도 아닌 것일까?

상 퀭틴 감옥의 재소자들은 고도가 '바깥 세계'라고 생각했다. 사람들이 간절하게 기다리는 것, 그들이 마침내 그것을 얻게 되면 고통스런 환멸로 밝혀지는 것이라고.
베케트가 고도가 누구인지, 무엇을 하는 사람인지 말해줄 수 있는지, 질문 받았을 때, 그는 "내가 그것을 알았다면 작품에서 그것을 말했을 것입니다."라고 대답했다.
사형대의 문턱에서 재소자들이 기다리는 것은 죽음이다.

칼릴 지브란은 "칡뿌리를 캐려고 땅을 파던 사람이 뜻하지 않게 칡뿌리가 아닌 보물상자를 찾아냈다는 이야기를 듣지 못하였는가?"라는 말을 그의 시집 『예언자(The Prophet)』에서 하고 있다. 사형수가 기다리는 것은 사형대의 이슬로 사라질 날이다.

흑인 윌리암 웰렌은 백인여성을 강간, 살해했다는 혐의로 체포되어 사형언도를 미국 노스캐롤라이나 주에서 받았다. 그 후 범행을 자백한 진범이 체포되어, 주지사가 황급히 사형집행을 중지시키라는 전화를 했을 때는, 그가 전기의자에 앉아 자신의 억울한 처지를 마지막으로 한탄하고 있던 중이었다. 사형집행 시간 2분전이었다.

시대를 막론하고 우리는 인간보다 많은 힘을 갖고 있는 존재들과 부딪쳐 왔다.

빛과 어둠, 태양과 달, 폭풍과 서리, 홍수와 가뭄 등, 이것은 모두 인간과 관계가 있는 존재들이었으며, 이들이 인간과 같은 인격이라는 무기를 갖고 인간에게 다가설 때, 우리는 그들에게서 우주의 거대함과 위협적인 그들의 존재를 깨닫는다.

독재자, 악마 혹은 사탄, 그리고 죽음 혹은 죄….

이것들은 우리보다 더 큰 힘을 가지고 있다고 생각하기 때문에 그것들을 무서워한다. 그들이 가지고 있는 힘의 형태를 알 수 없고 불확실할 때 더욱 무서워진다. 그러나 힘의 형태가 뚜렷하고 그 목적이 명백할 때 이것들을 두려워할 필요가 없다. 비록 죽음이 가지고 있는 힘이라고 하더라도 그 힘의 정체가 확실해지고 명백해질 때 두려워할 필요가 전혀 없다. 잠을 깨고 나면 새로운 태양을 보게 된다는 기대와 희망으로 마음이 설렌다. 어제의 태양은 오늘의 태양과 같지 않기 때문이다.

인간은 항상 판도라 상자 속에 남아있는 희망을 기다리면서 살아간다.

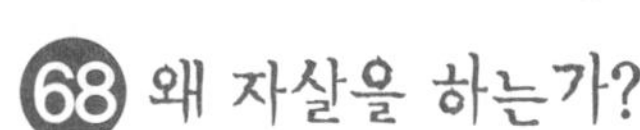

68 왜 자살을 하는가?

인간의 자아개발에 관한 이야기는 SF를 읽는 것만큼이나 우리의 마음을 사로잡는다. 이것은 영웅과 악당과의 모험으로 뒤섞인 대담한 용맹과 패배에 관한 이야기라고 할 수 있다.

자아가 성숙되기 위해서 해야 하는 여행길에는 위험과 장애물과 오해의 이정표들이 어지럽게 널려 있다. 사실상, 인간의 자아는 선물이 아니라, 그것은 스스로가 성취해야 하는 것이다. 노상에서 굶주린 사자떼도 만나고, 실제와 가상의 귀신들과도 싸워 이겨내야 하는 괴로움을 통해 얻어진다.

자아의 성취는 쉬지 않고 달리면서 벌이는 전투이고, 계속 진행되는 과정이며, 우리 마음의 밀실이 움직여서 최종적으로 채워질 때까지 결코 완전히 성취되지 않는 미완성 승리이다.

'부모의 사랑'이라고 불리는 왕국에서 수위의 자리를 놓고 라이벌로부터 위협받을 때, 소유의 감정이 우리를 사로잡는다.

새로 태어날 동생들이 내뿜는 질투와 시기는 졸고 있는 거인을 깨운다. 그리고 두려움과 분노, 불안과 고통(이런 것들은 보이지 않는 폭탄 같은 것) 등이 우리가 자라나는 날의 태양 빛을 많이 소멸시킨다.

우리는 유년 시절에, 작은 섬나라에 왕이 되거나 왕자가 되면서부터 생기기 시작하는 새로운 두려움은 우리가 학교라고 하는 전쟁터로 참전하지 않으면 안 되는 두려움이다.

학교는 낯선 세계이다. 그곳에서부터 우리 인생의 전투는 시작되기 시작한다. 학교는 내가 가고 싶어서 가는 곳이 아니고, 밀어 넣어진 초라한 자신을 보게 된다.

클래스메이트와 서투른 힘겨루기, 어머니의 거세진 치맛바람, 선생님의 절대적 권위를 가진 회초리…. 이런 것들이 지나고 나면 사춘기의 시절(낙엽이 떨어지는 것을 보고도 웃음이 터지는가 하면, 날지 못하는 조그마한 새만 보아도 아프다), 청년기의 아름다움을 손상시키는 작은 실패들, 혹은 큰 손실들도 우리로 하여금 혼합된 성장의 축복을 거절하도록 유혹한다. 그래서 우리는 지나치게 보호받던 예전의 시절(부모의 사랑의 왕국)로 되돌아가기를 갈망하게 된다.

결국은 많은 사람들이 유아기의 환상으로 얼룩진 청년기 상태를 벗어나지 못하고, 자아 개발의 미성숙 단계에서 고정된 채로 남아 있다.

가정불화, 가정파탄, 부모로부터 거절, 신체적 결함으로 인한 차별 대우 등이 성장하는 자아를 비뚤어지게 하고, 현명한 자기 사랑 대신에 병들고 음울한 자기 거부감을 갖게 된다.

이것은 자기 경멸과 혼합되거나 분리되어 나타나는 자기 사랑의 변태적인 나르시시즘으로 인도된다.

이런 종류의 나르시시즘은 자기 사랑같이 보일런지 모르지만, 이것
은 위장된 감정이다. 이것은 자기 존경을 배제한 자기도취이다.

자아가 성숙에 이르는 길에는 자기 경멸과 자기 파괴의 숱한 유혹이
있다. 사실상 우리는 누구보다 자기 자신에게 계속해서 잔인해질 수
있다는 한 가지 이유는 자기 자신이 다른 사람들보다 항상 가깝게 있
으므로 공격의 대상으로 이용할 수 있기 때문이다.

다른 사람들은 간헐적으로만 공격의 대상이 되지만, 우리 자신은 언
제나, 심지어 수면 중에도 습격할 수 있는 피난처로서, 공격할 수 있는
요새로서, 쳐부술 수 있는 적으로 존재한다.

자살은 인간이 자기 자신을 반드시 사랑하자 않아도 된다는 극단적
인 논리가 성립하지만, 그 이면에는 누군가를 증오하고 복수하고 싶은
마음의 충동이 있었음을 알 수 있다.

자살한 사람들의 주변을 돌아보면 자살자와 라이벌 관계에 있는 사
람들, 그리고 미움의 대상이 되어 있던 사람들, 보기만 해도 복수의 감
정이 솟아올라 왔던 사람들 등등을 보게 된다.

존 콜린스(John Collins)는 이렇게 말했다.

"자살하는 사람은 살인하는 사람보다 더 나쁜 형태의 살인을 하게
된다. 자살하는 사람은 자기의 잘못을 회개할 기회를 전혀 남겨 놓지
않지만, 살인자는 회개할 수 있는 기회가 주어진다."

자아의 상실이 결국은 많은 사람들을 자살로 인도했다. 지난 100

년 동안 미국 최고의 작가 중에 한 사람으로 평가받는 피츠제럴드
(Fitzgerald)는 1940년 44세의 나이에, 자아의 상실로 오는 어떤 오해
로 인해 자살을 하게 되는 비극으로 생을 마감했다.

　무한한 재능과 목적의식이 분명했던 그는 남 보기에는 행복과 기쁨
만이 가득한 것같이 보였지만, 불행하게도 비합리적인 본성의 자기의
심과 의혹으로 고통 받은 끝에 가장 좋은 활동 시기를 무익하게 자기
혐오에 빠졌던 것이다.

69 자살하는 사람은 자기에게 준
싸움터를 버리고 도망친 탈옥수이다

셱스피어의 다음 글은 〈햄릿〉 제3막 제2장에 나오는 햄릿의 독백인데, 죽은 후에 어떤 일이 있을지 모르니, 함부로 행동할 수 없다는 것을 말해 주고 있다.

"사느냐 죽느냐, 이것이 문제로다.
포학한 운명의 던지는 돌팔매와 화살을
꾹 참고 견디는 것이 더 고상한가.
혹은 고난의 바다에 항거하여 무기를 들고
제압함으로써 고민을 끝냄이 그러한가?
죽는 것이란… 자는 것."

토마스 만의 『마의 산(Der Zauberberg)』에서 나오는 주요한 인물들은 다른 환자들이 죽어가는 것을 목격하고는 그들에게도 머지않아 동일한 운명이 닥칠 것이라고 믿고 그것을 기다리며 산다.

마의 산에서의 생활은 기다림이다. 이 기다림은 가장 안이한 방법인 죽음을 기다리는 것이다.

네덜란드의 상인 페퍼코튼은, 마의 산에서 병을 얻어 건강이 악화되고 있다는 것을 알고 병과의 싸우기를 포기하고 자살하고 만다.

인생에 찾아오는 불행에 대한 두려움 때문에 삶의 전쟁터에서 맞서서 싸우기보다는 차라리 손들고 항복함으로써 인생의 피난처를 찾고자 했다.

이 소설의 주인공들은 활기찬 삶의 전투에서 맞서서 싸우기보다는 결핵에 걸림으로써 죽음으로 가는 안이한 피난처를 찾고 있었다.

죽음을 하나의 자연스러운 현상으로 보는데, 이것은 오늘날 칼 바르트나 라인홀드 니버 같은 신학자들의 생각과 일치한다. 예컨대 병으로 고통 받으면서도 아무런 치료의 가능성이 없다는 판단을 할 때, 사람들은 자살 내지 안락사나 존엄사를 긍정적으로 받아들이게 된다.

죽음은 인간 삶의 자연스러운 한 단계이며 어차피 경험해야 될 운명이라면……

고통을 경감할 수만 있다면 자살이나 안락사가 환자를 위해 자비롭다는 생각인데, 이 때에 죽음은 인간의 생물학적인 수명의 종결로서 자연스러운 것이라고 생각하게 된다. 이것은 무신론자들과 불가지론자들 혹은 알버트 카뮈나 사르트르 같은 실존주의자들의 사상과 일치한다.

　9.11 테러 사건을 보라. 잘못된 종교관을 가지고 있는 무슬림 근본주의자들은 자기들의 목숨을 초개처럼 버린다. 이들은 자기들이 알라신을 위해서 자살 폭탄을 가지고 뛰어들거나 비행기를 납치해서 빌딩을 향해 자살 공격을 한다.

　이렇게 자살을 택하는 데는 상당한 이유가 있다. 지상에서 코란의 지시대로 산 사람들이나, 자살 테러를 해서 자기 목숨을 버린 사람들은 영원한 정력과 젊음을 유지하며, 80,000명의 하인과 아름다운 72명의 아내와 영원한 복락을 누린다고 하기 때문이다.

　이들의 행위는 모두 자살이며, 살인행위의 죄를 면할 길이 없을 것이다.

　어떤 사람은 일이 자기 생각대로 되지 않을 경우에는, 죽음으로써 자기의 용기를 드러내려고 한다. 이보다 더 비겁하고 어리석은 것이 또 있겠는가?

　죽어버리면 벌써 장래를 고쳐 세울 수는 전혀 없다. 또한 하나님께서 자기에게 주신 싸움터를 버리는 도망병이 된다. 자살자는 도망병과 같은 벌을 받을 것이다.

　자살이란 말은 오늘날 사회학적으로나 신학적으로 매우 광범위하고 다양한 함축성을 지니게 된다.

70 사람들은 죽고 벌레들이 그 몸을 갉아먹지만, 그러나 그가 남긴 사랑은 살아 있다

인간의 죽음으로 인한 이별에서 오는 슬픔은 셰익스피어의 작품을 보면, 우리가 상상할 수 있는 것보다 현실에서 훨씬 더 적나라하고 생생하다.

슬픔이 오면 회피하지 말고 슬픈 감정을 마치 옐로우스톤 국립공원에서 내뿜는 분수처럼 분출해 버려라. 만약 이것을 그대로 가지고 있으면 셰익스피어의 말처럼, 언제나 떼를 지어 몰려오고, 시간의 걸음걸이를 헝클어놓고, 고요한 밤을 깨뜨려 버린다. 밤을 아침으로 만들고, 대낮을 밤중으로 만들고, 영혼의 내부 구조를 찢어서 흠집을 남기게 된다.

사랑하는 사람을 잃은 그 때에 행해져야 하는 것은, 실제로 느끼는 것만큼 슬픔을 말과 몸으로 표현하라. 또한 당신의 감정을 부끄러워하지 말며, 상실감에 빠져 절망할 것을 염려 말라.

인생의 성공과 실패를 서로 나누며 조화롭게 일하고 살아온 남편과 아내들, 두 사람만의 삶에 희망을 설계했다. 그러므로 파트너 중 한 사람의 죽음은 삶의 구조에 걷잡을 수 없는 공허와 커다란 상실감을 줄 수밖에 없다.

죽음은 너무나 예고도 없이 돌발적으로 다가왔기 때문에 기억의 석판으로부터 삶의 기대를 완전히 말살하지 못하고, 살아남은 파트너는 자기를 감싸 줄 동료가 나타날 것을 갈망하고 있는 것은 정상적이다.

말이란 그 자체가 마적인 힘을 지니고 있고, 사람의 말은 상심한 가슴을 위한 약제와 방향제를 합성할 수 있는 가장 축복된 능력을 가지고 있다. 사랑하는 사람의 사별로 오는 커다란 공허와 상실감을 다른 사람에게 말함으로써 고통 그 자체를 점차로 견딜 수 있게 된다.

여자들이 차터 박스(Chatter Box)가 되는 이유도 여기에 있지 않나 생각하게 된다. 더 깊은 의미에서 우리는 다른 사람들과 관계 속에서 우리 자신을 이끌고 형성시켜 간다.

당신 스스로도 어리석은 사람들 앞에서는 어리석은 사람이 되고, 지적인 사람 앞에서는 나의 생각이 자극되고, 훌륭한 화가 앞에서는 자신에게서 예술가의 일면을 발견한다는 것을 알고 있을 것이다.

인간은 누군가의 눈에 띄어 채굴되기를 기다리는 거대한 광산과도 같다.

많은 사람들이 사별의 순간에 그들의 영의 광산을 폐쇄하고, 귀중한 금속을 캐어낼 수 있는 새 친구나 동료의 방문을 거절하는 실수를 범한다. 이렇게 슬픔에 젖은 삶은, 자기 연민의 거미줄로 덮인 수갱(수직으로 파 내려간 갱도)을 지닌 폐광과 같이 되어버리고 만다.

사랑하는 사람이 우리 인생의 피아노에 연주한 멜로디는 다시는 같
은 방법으로 연주하지 않을 것이지만, 우리는 그 악기가 흩어진 유골
을 끌어 모으리라는 기대를 갖고 건반을 누르지 말아야 한다.

우리는 점차적으로 자신이 다시 새로운 삶의 길을 발견할 수 있도록
도와주고, 함께 그 길을 걸어 갈 또 다른 정신적 동료들과 친구들을 찾
아주어야 한다.

서로 말을 교환하고 창조적인 표현의 새 가로수 길을 걸으면서 다른
사람들과 새로운 파트너 관계를 수립하는 것이, 슬픔을 정복하는 또
하나의 방법이 된다.

예루살렘의 사원이 파괴되었을 때, 많은 유대인들은 이스라엘의 죽
은 아들, 딸들과 연기 속에 사라져가는 사원들에 대해 애도하면서 삶
으로부터 뒷걸음질치기 시작했다. 그들은 먹는 것과 마시는 것조차 거
부했다. 이때 랍비 여호수아(Joshua)는 이렇게 말했다.

"나의 아들들이여, 슬퍼하지 않는 것은 불가능하지만, 너무 심하게
슬퍼하는 것은 허용하지 않는다."

우리는 살아 있는 한, 삶에 헌신할 수 있기 위해 종교의 가르침을 받
아야 한다. 무엇보다도 우리는 아픔의 날에 사용할 수 있는 눈물샘을
지니고 있다. 우리는 슬픔을 부끄러워하지도 말며, 친구나 동료와의
창조적인 대화를 통해 우리 삶의 깨어진 부분을 재구성하기 시작해야

한다.

　슬픔을 체험하지 않고는 인간의 삶이 심오해질 수 없다.우리가 슬
픔의 언덕을 정복하면 내면적인 평화의 계곡으로 내려갈 수 있을 것이
다.

71 지상에서 영원한 삶이 가능하다고 할지라도…

플라톤은 말하기를, "지상에서의 영원한 삶이 가능하다 할지라도 끝없는 삶은 높이나 깊이가 없고, 강약도 없으며, 도전이나 성취도 없기 때문에 바람직하지 않다."라고 했다.

시인 하이네도 그의 시에서 이렇게 절규했다.
"영원히 사는 것-
영원히 무의미하게 사는 것-
그런 삶이 내게 주어지지 않기를!"

죽음이 존재한다는 사실은 인생의 모든 것을 훨씬 더 가치 있게 만든다. 그것은 인간이 갖는 모든 시간적인 꿈의 고귀함과 헛됨을 깨닫게 해주는 교사이다.

우리가 나이가 어리면 어릴수록, 미성숙하면 할수록, 종말에 대한 느낌은 긍정적으로 받아들이기가 어렵다.

우리는 창조주에게 가끔 반항해 본다.

'사람들에게 영원한 젊음을 주어서 결코 병들거나 늙어서 죽는 일이 없도록 해 주실 수 있을텐데…' 라고 불평불만을 해 볼 때도 있다.

그러나 실제로 인간 감정을 분석해 볼 때 이것은 성미 급한 아이의 실현되지 못할 욕구와 같은 것이라는 것을 깨닫게 된다. 사실 우리가 영원한 휴식이라는 도피처를 기대하지 않고 살 수 있을까? 언제까지나 항상 살아 움직이고 활동하기를 원하는 사람이 있겠는가? 변화와 투쟁과 변혁과 고통과 갈등과 노동의 세상에서 천년만년 살기를 원하는 사람이 있겠는가?

인간이 그렇게 오래 동안 살 수 있다면 아마도 150세가 되기 전에, 50% 이상의 사람들이 자살을 하게 될는지 모른다.

지상에서 영원한 삶이 가능하다 할지라도 끝없는 삶은 높이나 깊이도 없고 강약도 없으며, 도전과 성취도 없기 때문에 바람직하지 않다고 플라톤은 선언했지 않은가?

불교는 언제 잃어버릴지도 모르는 것을 떠맡지 않음으로써, 또 다른 사람들과 언약하지 않고, 사랑이나 온유함을 나타내지 않음으로써 인생의 고통과 슬픔을 피할 수 있다고 생각했다.

"그대는 이 세상에서 그대에게 소중한 것은 아무 것도 만들지 말라. 왜냐하면 인생의 영광은 더 깊게 느끼는 능력과, 폭 넓은 경험에 존재하기 때문이다."

우리 자신과 우리가 소유한 것은, 일시적이고 덧없는 것이라는 필연적인 사실을 평온하게 받아들이는 것도 지혜의 한 부분이다.

경이로운 인간의 기질과 놀라울 정도로 복잡한 화학적, 신체적, 영적인 구조는 우리에게는 최상의 축복이라고, 지상에서의 짧은 우리의 생애를, 영원히 변하지는 않지만, 세월의 풍화 작용에 의해 부딪히는 바다나 돌보다 훨씬 더 의미 있게 만든다.

영생의 문제에 대해 오래 동안 관심이 없었던 미국의 유명한 심리학자 윌리엄 제임스 같은 사람도, 그 생애의 마지막 몇 년 간은 그것(영생)의 가능성에 대해서 믿기 시작했다. 그 이유를 물었을 때, 그는 내가 지금에야 바람직하게 살고 있기 때문이라고 했다.

인간의 영혼은 인생이란 무대 위에서 짤막한 대사를 던지고 영원히 퇴장 만 하는 단역 배우는 아니다. 신(God)이란 극작가는 그의 드라마를 그렇게 엉망진창으로 쓰지는 않았을 것이다.

즉 인간이란 주연 배우가 나타나기 전의 서막으로 눈부신 장관인 세계를 준비하고서, 고작 그에게 짧은 대사를 더듬거리도록 몇 분만을 할애하시고, 그 존재의 드라마 전체를 모두 영원히 침묵시킴으로써 모든 연극을 우스꽝스럽게 만들지는 않았을 것이다.

"아마도 이 세상은 단지 서막에 불과하며, 인간들이 다채로운 연기를 펼칠 수 있는 다른 세계가 마련되어 있다."

이렇게 믿을 때, 우리는 어떤 흥분으로 가슴이 뛰기 시작한다.

하나님은 인간의 마음을 사로잡기 위해서
시간과 공간 속에 자신을 나타내셨다. 그는 고통당하는 자들이
대항해 오는 것을 긍정적으로 받아들이고,
논쟁하시며 때로는 져 주시기도 한다.

제9장

21세기는 22세기의 그림자

미국 생물학자인 아얄라 박사는 종교 노벨상이라고까지 불리우는 템플턴 상을 수상했다.

과학과 종교를 제대로 이해하려면 두 분야를 서로 문제에 관심을 갖는 만큼 모순관계일 수 없다는 것을 알게 될 것이라고 했다.

진화 생물학자이자 유전학자인 아얄라 박사는 최전방에서 기독교 근본주의자들의 공격으로부터 다윈의 진화론을 보호해 왔다.

그는 수많은 강연과 저술을 통해 "성경은 종교적 진실에 관한 책이지 지구와 인간이 어떻게 만들어졌는지에 관한 책이 아니다"라며, "성경이 마치 생물학이나 물리학의 기초 교과서인 것처럼 읽으려는 태도는 용납할 수 없다"고 강조했다.

스티븐 호킹은 2010년 출간된 『위대한 설계(Grand Design)』에서, 신의 도움 없이 우주가 탄생되었다고 주장했다. 빅뱅은 신의 개입으로 이루어졌다기보다는 중력의 법칙에 의해 발생한 것이라며, 우주

(Universe)는 '무'로부터 스스로 창조되었다고 설명했다.

아인슈타인 박사도 '신'이란 단어는 인간의 약점을 드러내는 표출의 산물에 불과하다고 했다.

'신의 존재'를 부정했던 아인슈타인은 우주는 인간이 완전히 이해할 수 있는 시스템으로 구성되어있지 복잡하게 뒤얽힌 라비린스(Labyrinth)에 빠져 있지 않다고 했다.

스티븐 호킹 박사 역시 이런 과학적 전통의 연장선에 들어와 있다고 볼 수 있다.

칼 세이건(Carl sagan)도 이런 맥락에 속한 과학자라고 볼 수 있다. 지구의 아름다움과 인간이 살기에 가장 적합한 자연환경도 "신이 인간을 위해서 미리 설계해 놓았다"는 기독교식 창조이론을 반박했다.

"지구 위에서 인간이 살기 적합한 환경은 신의 특별한 계획에 의해서 디자인되었다고만 생각하지 말고, 수십조의 별들이 산재해 있는 그 넓은 우주에 인간이 생존하기에 필요로 하는 모든 것을 갖춘 어느 곳에서 자연적으로 인간이 탄생했다고 생각해 보는 것이 어떻겠는가"라고 했다.

우주가 중력(우주가 중력에 의해서 탄생되었다면 그러면 그 중력은 어디에서 왔으며) 혹은 다른 물리적 법칙들이 어우러져서 만들어 낸 우연의 산물이라면, 혼돈의 소용돌이 속에서 우주가 어떻게 질서정연하게 만들어질 수 있을까를 생각하게 한다.

우연이란 단어를 분석하고 체험하고 해석을 세부적으로 한다면, 우연이란 있을 수 없고 결국 필연이라는 것을 알게 된다.

도대체 '무'란 무엇인가? '무'란 어디에서 왔을까?
모든 우주적인 질서와 생명의 연결은 〈끈〉이다. 끈의 출처를 찾아 올라가면 반드시 그 근원지를 찾게 된다.

동시성(Synchronicity)과 우연의 법칙에 대해서 한 번 생각해 보자.
심리학자 칼 융은 두 사람이 우연히 길 가에서 계속 마주치는 것을 동시성이라고 했다. 두 사람이 지나가다가 같은 장소에서 만나게 되는 것은 그저 우연이며 운이라고 말하기에는 무언가 부족하다. 왜냐하면 그들은 다른 거리에서도 꼭 초록색 문 앞에서 마주치곤 했기 때문이다.

칼 융은 이러한 동시성을 만들어 내는 연결의 법칙을 증명하기 위해서 성냥갑에 검은 개미(Black ant)를 50마리, 1,000마리, 10,000마리씩 채워 넣었다. 그런 다음 각 성냥갑에다 구멍을 뚫어 흰개미(White ant) 한 마리를 집어넣었다.

그런데 세 번 모두 처음에 나오는 개미는 흰개미였다. 우연의 법칙에 도전하는 이론이라고 할까.

기독교는 수천 년 동안 미신과 사이비 과학(Pseudoscience)과 동행해 왔다.
오늘날에 와서는 과학이 그 미신이 쓰고 있는 베일을 벗기고, 사이비 과학의 장막에 가려있던 기독교를 밖으로 끄집어내어서 과학의 찬란한 빛으로 조명할 때, 가려 있던 것이 백일하에 드러나게 된다. 그러

나 종교와 과학은 별개의 것이며, 동행하는 데는 시간이 더 걸릴 것
같다.

과학은 종교를 설명할 수 없을 뿐만이 아니고 한계의 울타리 안에
있는 유한한 이론에 불과하다.

어떤 사람이 A지점에서 B지점까지 달릴 때, B에 도달하기 위해서
는 먼저 이 전체거리의 반인 C지점까지 가야 만 한다. 그 다음에는 아
직 남아 있는 거리의 반 E를 가야하고…. 이렇게 계속해서 반복될 때
이 경주는 결코 끝날 수 없다. 왜냐하면 남아 있는 거리의 반은 무한정
가야 하기 때문이다.

'과학', 이것은 끝없는 경주의 시작이 아닐까?

73 새로운 과학에 도전하라!
인간은 진화의 산물이다

다윈의 호기심은 그저 느린 거북이를 들여다보는 데서 멈추지 않았다. 다윈은 이 섬 저 섬에서 수년간 연구에 몰입했다. 곤충, 식물, 동물, 화석 등 수천 종을 수집해 분석했다.

1858년이 돼서야 그동안 연구한 이론을 발표하게 되었는데 그 유명한 진화론이다. 모든 생물은 동일한 생명체에서 자연선택의 과정을 통해 진화한 것이라는 명제를 발표했다.

과학이론은 자연현상에 대한 포괄적이고 논리적인 설명이다. 단지 예감이나 추측에 의한 것이 아니다. 과학이론은 증거와 관찰 그리고 반복될 수 있는 실험의 결과에 의거한다.

우리의 하루하루 생활도 과학적 사고에 근거를 두면 효율적이고 창의적으로 전개될 것이다. 전통이나 관습 그리고 고리타분한 종교나 어떤 이론에 안주하다 보면 새로운 창의력을 발휘하기 어렵게 된다.

인간의 진화는 지금 이 순간에도 계속된다. 유럽 사람들이 처음에는 검은 피부를 갖고 있다가 생존차원에서 엷은 색 피부로 바뀐 것도 환경에 적응하면서 유전자가 변화된 것이다.

인류학자들은 근대의 인간이 아프리카에서 유럽에 도착한 것을 약 45,000년 전으로 추정하고 있다. 그리고 당시 인간은 검은 피부를 갖고 있었다고 한다.

그러나 유럽에서 생활하면서 비타민D 합성을 위해 필요한 햇빛을 받아들이려고 피부색이 점점 엷어졌다는 이론이다.

진화가 자연의 산물이라고 하지만, 자연 그 자체가 신의 창작물이기 때문에 진화 역시 창조된 것이다.

74 유전자의 자유로운 날개짓, 생명의 몸짓을 통해서 우리는 어디론가 가고 있다

세포 속에 감금되어 있는 가장 넓은 공간에서 유전자의 자유로운 날개짓, 생명의 몸짓을 통해서 우리는 어디론가 가고 있다. 우리 몸속에 있는 유전자 속에는 인류가 최초로 출현했던 그 시점까지 거슬러 올라가는 광활한 인류학적 역사의 기록을 담고 있다.

"행복한 생활, 좋은 약, 건강한 음식, 사랑하는 가족, 엄청난 부, 그 어떤 것도 어찌할 수 없다. 당신의 운명은 당신의 유전자에 달려 있다."

아우구스티누스의 신봉자들이 주장하는 것처럼 하늘나라에 가는 것은 신의 뜻이며, 당신의 선한 행동 때문이 아니다. 게놈, 그것은 우리에게 가장 어두운 지식을 주는지도 모른다.

마치 테이레시아스의 저주처럼 우리 운명에 대한 지식, 안다고 해도 어찌할 수 없는 지식을 주는지도 모른다. 인간이 추구하는 가장 중요한 것은 생명이다. 생명은 우리를 어느 목적지까지 실어다 주는 배와 같은 역할을 하는 수단에 불과할 뿐이지 결코 목적은 아니다.

"생명은 DNA 속에 기록된 디지털 정보에 불과하다"라고 생각할 수도 있다. 그러나 오늘날에 와서는 유전학은 하나님의 성숙한 학문이 되어 우리가 누구인지, 어디에서 왔었는지 그리고 어디로 가는지에 대한 장엄한 인간 진화의 흐름을 열어보여 줄 것이다.

유전학은 인생이라는 큰 집에 열려있는 작은 창문이다.

대중문화에 따르면, 우리라는 존재는 우리의 유전자가 만들어 낸 결과이며 그 유전자가 주는 영향으로부터 벗어날 수 없다고 한다.

소포클레스의 희곡 〈오이디푸스 왕〉에서 그 극의 주인공인 오이디푸스는 극이 진행되는 동안 자신의 친아버지를 죽이고 친어머니와 결혼한다는 예언을 피하고자 헛된 노력을 계속하지만, 결국은 친아버지를 죽이고 친어머니와 결혼하게 된다는 비극적인 이야기이다.

〈Star Wars〉에서도 주인공인 아나킨이 선을 버리고 악을 선택한 까닭은 아내 아미달라의 예언적 죽음을 막아보기 위해서였다. 그러나 예언대로 아내는 죽고 만다.

2011년 3월에 개봉된 공상과학 영화 〈어저스트먼트 뷰로(The Adjustment Buueau)〉는 우리의 인생이 정해진 계획에 따라 완전히 통제되고 조정당한다는 이야기이다.

1994년 영화인 〈Natural born killers〉에서는 주인공이 계속해서 살인하게 되는 것은, 자기의 의지적인 힘으로는 되지 않는 유전자의 지시에 의한 것이라는 이야기를 다루고 있고, 로빈 쿡(Robin cook)의 소

설 『돌연변이(Mutation)』에서 주인공인 과학자가 자신의 아들의 유전
자를 조작해서 초인적인 지능을 갖게 한다.

그러나 아이가 자라서 유능하지만 잔인한 살인자가 된다는 이야기
이다.

대중문화 속에 유전자에 관한 이야기는 계속되고 있다. 진정한 의
미에서 '나' 라는 존재는 없다. 오직 유전자가 나를 만들어 가고 있을
뿐이다.

장로교의 창시자 칼뱅의 교리 중에 예정론이 있다. 신은 가늠할 수
없는 지혜를 통해서 누가 벌을 받게 되고(지옥을 의미), 누가 축복(천
국을 의미) 받는 것인가를 미리 정해 놓았다고 한다.

신은 창세 전에 이미 '에서'보다는 '야곱'을 택하고 그를 사랑했다고
성경은 말하고 있다. 이러한 신의 결정은 그 누구도 변화 혹은 변경시
킬 수 없다는 이론이다.

1995년, 『Science News』란 잡지에 바다 한 가운데서 사는 물고기에
관한 이야기를 실었다. 물고기들도 수컷 한 마리를 리더로 해서 뭉쳐
다닌다고 한다.

그런데 리더가 되는 수컷 물고기가 갑자기 죽거나 다른 큰 물고기에
게 잡혀 먹히면, 암컷 물고기 중에서 가장 자격이 있는 한 마리가 수컷
으로 성 전환을 해서 리더가 되어 물고기 무리를 이끈다고 한다. 어떤
뜻에 따라 유전자도 바뀌어 질 수 있다는 이야기이다.

방울뱀의 독은 청산가리보다 강해서 어떤 동물도 죽일 수 있다. 그

러나 사막 한 가운데서 사는 이 방울뱀(rattle snake)이 지나가는 다람
쥐 한 마리를 물었다.

그러나 방울뱀에 물린 다람쥐는 아무런 상처를 받지 않고 살아서 달
아났다.

왜일까?

그것은 그 다람쥐가 새끼를 배고 있었기 때문에 자연은 그 다람쥐가
죽으면 안 된다는 것을 알고 있었기 때문이다. 그래서 즉흥적으로 그
어미 다람쥐의 몸에서 방울뱀의 독을 중화시키는 호르몬이 생성되어
방울뱀의 독을 무의미하게 만들었던 것이다.

우리의 긍정적인 생각도 우주적인 필요에 따라 우리의 유전자를 변
경시킬 수 있다고 생각한다.

75 미래의 인간은 오직 기계로만
소통하는 존재로 변하지 않을까?

오르가스마트론은 섹스를 관장하는 뇌 신경회로를 자극해서 오르가슴을 느끼게 하는 장치이다. 이미 쥐를 통해서 오르가스마트론의 실험을 성공적으로 이끌어 냈다. 머리에 헤드폰처럼 생긴 이 괴상한 기구를 둘러쓰고 섹스의 클라이막스를 느끼는 광경을 상상만 해도 아찔할 것이다.

성적인 절정에 도달하게 하는 이 기구가 섹스 숍 내지 약국 같은 곳에서 판매된다면, 결혼생활의 의미를 어디에서 찾아야 할지 의아하게 될 뿐 아니라 이성에 대한 가치관이 변할 것이다. 사랑(Love)이란 단어도 사라질 날이 얼마 남지 않았나 생각해 보지만, 불확실한 미래에 일어날 일에 대해서 정확한 답을 할 수는 없다는 것을 안다.

"미래에 인간은 기계들과만 소통하는 존재로 변하지 않을까?"

유전자 지문은 범인을 찾아내는 것에만 사용된 것이 아니고, 20세기

100대 사건 중 하나인 모니카 르윈스키의 드레스에 묻은 정액이 클린턴 미국 대통령의 것임을 확인시켰고, 토머스 제퍼슨의 숨겨진 자손을 확인시키는 데 사용되었으며, 화장한 조세프 멩겔레의 사체를 확인시키는 데 사용되었다.

출간하자마자 1,000만권이 팔려나가는 베스트셀러 작가 존 그리샴의 소설에서는 DNA 지문에 관한 이야기가 자주 나온다.

스마트 웨폰(Smart Weapon)이란 무기를 보고 있노라면, 지금의 무기들은 우리가 중세에 쓰여졌던 무기들을 보는 것처럼 구식으로 느껴질 정도다.

소위 하이텍 푸드(High Tech Food)라는 스마트 캡슐이 나타나면 도대체 이것이 약인가, 음식인가 생각해 보게 된다. 이 음식은 2020년 정도 되면 지금의 햄버거와 같은 패스트푸드(Fast food)가 바쁜 도시 생활을 하는 21세기 생활인에게 인기가 있듯이, 고도의 문명 발달로 더 바빠진 사람들에게 인기가 있는 음식이 될 것이다.

보통 사람들이 하루 동안에 필요로 하는 영양분과 칼로리가 가득 담겨있는 캡슐이 새로운 음식으로 등장하여 약국과 일반 시장에서 판매될 것이며, 하루에 1캡슐이면 24시간을 충분히 지탱할 수 있으며, 또한 기능음식(functional food)도 동시에 개발되어 건강상태에 따라 사용된다.

스마트 캡슐이 널리 사용되면 과연 음식이 주는, 먹는 즐거움을 어디에서 찾아볼 수 있을까.

미식가들이여 안녕!

21세기에 들어서자마자 인류역사의 수레바퀴는 보다 빠르고 보다 불규칙적으로 다른 유형의 궤도를 돌고 있다. 인류사회 각 분야에 걸쳐 우리의 상상을 뛰어 넘는 변화의 물결 때문에 우리의 라이프스타일이 바뀌고 있는 것이다. 말하는 습성이 바뀌고 글을 쓸 때 단어의 선정이 바뀌며 사람을 사귀는 방법이 바뀌고 있다.

우리는 감각의 미세한 세계까지 들어가 볼 수 있으며, 우리가 느끼고 접촉하는 현실세계와 새로운 또 하나의 세계인 컴퓨터가 연결된 곳에서 웃고 뛰어놀 수 있다. 뿐만 아니라 상호교감에서 오는 환각상태지 느낄 수 있다.

기계와 사람이 연결된 사이보그 인간, 복제인간, 그리고 스필버그의 영화 〈A. I.〉에서처럼 인공지능을 가진 기계가 의식을 갖고 스스로 행동하는 인간 아닌 인간, 시험관으로 탄생한 인간, 우주 저 멀리 존재할 수도 있는 E.T.I.의 출현도 얼마 남지 않았다(NASA는 2010년 12월 2

일에 독성 물질 비소(As)를 활용해 생존하는 신종 박테리아를 처음으로 발견했다고 발표했다. 이것은 지금까지 인류가 생각했던 것과는 근본적으로 다른 생명체가 존재할 수 있음을 증명한 것이다. 또한 태양계에는 아직 알려지지 않는 500개 정도의 행성(Planet)이 있을는지 모른다고 NASA는 발표했다).

그렇다면 인류 문명의 종말은 언제 오는 것인가? 제3차세계대전은 언제 어디에서 일어날 것인가? 생명의 실타래는 팬스퍼미어(Panspermia)에서 시작되는가? 인생은 짧지만 조각 같은 시간들이 모여서 강물처럼 흘러가고 우리는 그 속에서 크고 작은 변화를 경험하게 된다.

존 그리샴의 작품 중에서 심금을 울린 『유언장(Testament)』이라는 소설이 있다.

한 젊은 여인의 학벌, 사랑, 돈, 명예…, 모든 것을 버리고 브라질의 마투그로수와 마투그로소도술에 있는 판타날 지역에서 원주민에게 복음을 전파하며 병든 이들에게 치료해 주는 눈물이 나도록 아름다운 모습에 감동을 받았다. 그녀는 아버지가 유언장에 의해 남긴 100억 달러의 유산을 상속하기를 거부하고, 그 유산을 불쌍한 원주민을 위해 써 달라고 유언장을 남기고 원주민으로부터 전염된 병명도 알 수 없는 병으로 죽는다. 마술적인 리얼리즘 기법이 보이는 작품이다. 이 작품이 주는 영감은 철학적 변론이나 종교적 사상이라도 도저히 해석할 수 없는 경지에 있다.

어떤 종교나 종파도 완전한 진리에 도달할 수 없다. 그것은 우리가 믿고 있는 생각이나 신앙의 틀이 변하지 않고 있기 때문이다. 좀 더 진리에 다가설 수 있는 길은, 생명 교향곡의 선율이 울리는 자연 속으로 들어가서 무릎을 꿇는 일이다.

마이클 클라이튼(Michael Clichton)은, 시드니 셀든이나 다니엘 스틸 그리고 스티븐 킹처럼 다산 작가는 아니지만, 그의 작품은 하나도 빠짐없이 뉴욕 타임스 베스트셀러 1위에 오른다.

그의 인기는 도대체 무엇 때문인가? 왜 전 세계 독자들이 그의 책이 나오기를 손꼽아 기다리며 열광하고 있는 것일까? 그는 예언적이며 미래학적인 비전을 작품 속에 반영하기 때문이다.

이 문제를 다룬 소설이 1969년 발표한 『안드로메다 족』이다.

유전자 조작이라는 문제가 사회적으로 클로즈 업 되었을 때 『주라기 공원』같은 소설이 출간되어 시기적절하게 유전자 문제를 반영시키고 있다.

최근에 와서는 대형 비행기 폭발 사고가 빈번하고 있을 때 항공기의 구조적 결함을 둘러싸고 일어나는 이야기를 미스터리로 다루고 있다. 사고 원인은 결코 밝히지 않으면서 온갖 의혹들이 이 사건을 더욱 미궁 속으로 끌어들이고 있다.

올더스 헉슬리의 소설 『멋진 신세계』는 하나의 유토피아적인 망상의 세계를 그리고 있다.

『멋진 신세계』에서는 그 누구도 불행하지 않다. 가난이란 단어는 아예 존재하지 않는다. 또한 질병도 없고 전쟁도 없으며 기대수명은 200

살 정도, 늙어도 그 늙음의 표시가 나지 않는다.

누구나 고독하거나 절망하지 않는다. 모든 것이 즐겁고 자기가 원하는 그 누구와도 섹스를 할 수 있다. 그 섹스 하는 시간은 2시간 정도, 원하는 대로 할 수 있으며, 쾌락의 강도도 조절할 수 있고 모든 사람들은 모든 가능한 것을 소비할 수 있다.

이런 경우 기대했던 것과 달리 우울함을 느끼지만 소마(SOMA)라는 신경 안정제를 삼킨다. 이 약은 기분을 흥분시킬 뿐만 아니라 마음을 안정시키고 편안한 환각상태를 유발시킨다. 때는 2540년을 가리키고 있으니 앞으로 530년 이후의 이야기가 된다. 우리가 갖는 인류의 문명은 앞으로 최고 100년이면 끝날 것 같은데….

그런데 멋진 신세계의 마지막 문장을 한 번 들여다본다.

존은 그는 사람들을 구출하는 주인공과 같은 면모라기보다는 오히려 미친 상상가의 모습을 보여준다. 반란을 꾀하지만 그것은 보잘것없이 실패한다.

"나는 신을 원하고 문학도 원해요. 진정한 위험에 처해보는 것도 원하지요.

내가 원하는 것은 자유입니다. 선도 원하지만 죄도 원하지요."

이 말에 세계의 지배자가 대답한다.

"당신은 불행해질 권리를 요구하는군. 늙고 추하고 생식불능이 되는 권리는 말할 필요도 없고, 성병과 암에 걸릴 권리, 먹을 것이 없거나 이들이 들끓는 권리, 매일 자신에게 어떤 일이 닥칠지 모를 권리, 장티푸스에 걸릴 권리, 고문을 당할 권리도 원한다는 말인가?"

"예, 난 그런 권리를 원해요."

존 세비지가 아주 오랜 침묵 후에 대답한 말이다.

　폴란드의 천재적인 작가 스타니슬라프 렘(Stanislaw Lem)의 『솔라리스(Solaris)』라는 과학소설은 1972년에 영화화 되었다.
　대부분의 여성 독자들은 과학소설과 우주선과 우주에 관한 소재에 과민반응을 보여왔지만 『솔라리스』에서는 갈채를 보냈다.
　솔라리스는 거대한 젤라틴(Gelatin)질의 대양으로 덮여있는 혹성이다.
　그 대양은 거대한 뇌와 같고 기이한 방식으로 인간이 아닌 하나의 지성체를 만들었다.
　이 소설의 주인공인 캘빈이 혹성인 솔라리스로 떠나는 여행은 멀리 떨어진 우주로 향하는 여행이라기보다는 자신의 내면으로 떠나는 여행이다.
　무한한 우주와 같이 넓은 무의식의 세계로 떠나는 여행이었다.
　『솔라리스』는 스릴러이자 감동을 주는 사랑의 로망이며, 과학적 인식능력에 대한 '패러디'이자, 인간 이성의 불안정성에 대한 도덕적인 우화이다.

　2010년에 들어와서 세계적으로 하이틴들에게 특별히 소녀들에게 폭발적인 인기가 있는 소설은, 스테파니 마이어스의 세계적인 베스트셀러 『트와일라이트 사가(Saga)』시리즈이다.　틴에이저들은 2010년에 개봉된 영화 〈이포칼립스(Eclipse)〉을 남들보다 조금이라도 먼저 보기 위해서 개봉 며칠 전부터 극장 앞에서 텐트를 치고 잠을 잘 정도로 열광적이다. 이런 소설이나 영화가 왜 틴에이저들에게 인기가 있

을까?

흡혈귀 청년과 늑대 청년이 삼각관계에서 수단과 방법을 가리지 않고 인간 소녀를 사랑하는 이야기이다. 이런 사랑의 이야기의 내면에 깔린 모티브는 초현실적이며 시공을 초월해서 존재하기 때문이다. 틴에이저들은 사랑을 위해서는 물과 불을 가리지 않는 청년에게 (그가 비록 흡혈귀나 늑대라고 해도) 도취하기 때문이다.

프랑스의 시인 발레리의 『젊은 파르크』에서 파도가 일렁이는 지중해의 한 고독한 섬에서, 한 밤중에 잠이 깬 처녀 파르크처럼 나도 바닷물이 출렁거리는 와이키키 해변 한 호텔에서 4시에 잠이 깬 나는 해가 떠오를 때까지 사색에 빠져 있었다.

"신은 죽었다."

생전에는 거의 이해되지 않았던 광기에 사로잡힌 철학자 니체의 이 한 마디는 20세기를 지배하는 최대의 화두가 됐던 것이다.

인간을 지배하는 보이지 않는 손을 가진 신은 이미 죽었으며, 더 이상 존재하지 못함으로써 '인간적인, 너무나 인간적인' 뛰어난 초인만이 권력을 통해 인간을 구원할 수 있다는 니체의 이 사상은 결국 무신론적 허무주의와 무신론적 실존주의를 잉태했다. 예측할 수도 통제할 수도 없는 불확실성이 지배한 세계가 되었다.

그리하여 마침내 러시아 혁명(스탈린은 세계 제2차 대전 중 20,000

명의 폴란드 인을 학살했던 '카틴숲 사건'을 지시했다)이 일어났으며,
세계 곳곳에서 공산당 정권이 탄생됐다.   그 뿐 아니라 인류의 역사상
그 유례가 없는 제 1차 세계대전(이 전쟁으로 37,513,886 명의 사상자
를 냈다)과 제2차 세계대전(1939 – 1945) 이 전쟁으로 인한 사망자 수
는 군인과 민간인을 합하여 54,800,000명에 이른다.

  니체는 '전쟁의 신'으로 까지 추앙 받는 역사의 아이러니가 일어났
던 것이다. 니체는 바그너 음악에 영향을 주었고, 그의 음악은 히틀러
에게 환각제 같은 영향을 주었다.

  20세기에 일어났던 그 많은 혁명과 전쟁들은 결국 인간의 초인적인
힘으로 권력을 창출하려는 무신론적 허무주의의 소산이었던 것이다.
풍요로웠던 20세기는 살육의 시대라고 볼 수 있다.

  새로운 신은 다시 탄생할 것인가?
  이것은 니체가 던지는 마지막 질문이다.

그러나 보다 염세주의에 대한 어둠의 대변자는 아마도 프랑스의 장 폴 사르트르라고 생각한다. 그는 소위 우리가 '실존주의자'라고 부르는 운동의 창시자일 것이다.

사르트르는 자신은 자기가 '염세주의자'라고 불리는 것을 거부하고 있었지만, 한 번 그의 젊은 시절로 돌아가 보자. 사르트르와 그의 젊은 친구들은 제 2차 세계대전 중 나치에 대항하는 프랑스의 용감한 지하 당원이었고, 젊은 시절에는 사회의 관습이나 종교에 대해서 신과 신을 믿는 신앙에 대해 민주주의에 대한 믿음이나 자유, 그리고 미래에 대한 환상마저 모두 상실한 꿈이 없는 젊은이들이었다.

실존주의 철학은 인간이 부조리한 우주에서 전적으로 혼자라는 입장을 견지하고 있다.   자기가 존재하는 이유를 자신은 알지도 못하고 알 수도 없다고 보는 것이다.

그러므로 자신이 존재하는 진정한 목적 또한 없다.

헤밍웨이의 『Lost Generation』 이후에 젊은이들은 더욱 방향을 잃고 있다. 인간은 누구나 절대적으로 혼자이고 그 고독을 해소해 줄 사람은 아무도 없다고 보고 있다. 그들은 관습이나 도덕 같은 압력에 따르지 말고 자신의 주관적인 결정에 따라 행동한다. 다른 사람은 아무도 중요하지 않다. 다만 자기 자신의 존재만이 최우선이고 영원하며 가장 중요하다고 믿는다.

사르트르는 키에르케고르와 같은 부류에 속한 스토아 학파적 무신론의 제창자들이다. 사르트르의 『비상구는 없다(No Exit)』라는 작품의 이 이야기는 실존주의의 모든 것을 보여주는 작품이라고 볼 수 있다.

지옥은 타자의 것이다.

이것은 실존주의자들이 부르짖는 절규라고 볼 수 있다. 재독 소설가 강유일의 작품 속에서 주인공은 "섹스의 순간만이 진실한 순간이다. 욕구하고 욕구당하고 있다는 것, 그것이 내가 살아 있다는 증거이다"라고 부르짖는다.

그렇다면, 사르트르의 철학은 어디에서 유래되었을까?

그는 우리시대 페시미즘의 최대 원조인, 덴마크의 소렌 키에르케고르의 정신적인 후손임에 틀림없다.

21세기 문학에서는 부패의 냄새가 풍기는데(특별히 21세기 한국문단의 젊은 작가들), 이것은 마치 구원받을 수 없는 시간 '25시'같이 저술가들이 쓰는 컴퓨터에서 나오는 이상한 전류의 흐름에서 죽음의 냄새가 배어든 듯 하다.

21세기에 들어와서 음악도 불협화음과 부조화로 가득 차서 귀신을 내쫓기 위해서 소리치는 주문 같다. 교회에서 울려 퍼지는 기타를 타고 질주하는 락(Rock)의 소리, 자동차에서 흘러나오는 95데시벨의 락 뮤직과 랩 같은 것…….

미술을 보라. 현대 미술이란 미명 아래서 온갖 흉칙스러운 일들이 벌어지고 있다.

부서진 조각상, 기형적인 인체, 성기가 잘려나간 남성 누드상, 뱀이 몸을 휘감고 있는 여체, 뒤엉킨 다리와 팔, 초현실적이고 인상파적인 형태가 마치 인간이 가사 상태에 처해 있는 듯한 그로테스크(Grotesque)…….

특히 다미앤 허스트가 '포스트 아트'라는 이름으로 조각한 〈성모(The Virgin Mother)〉를 보라. 성모의 바른 쪽 복부를 노출시켜 그 속에 있는 아기의 모습을 드러낸 해괴한 조각상을 보라.

이제 더 이상 미술이 존재할 땅을 잃었다.

진정한 내적 평화를 느끼는 사람들은, 가진 것은 없지만 가진 것을 느끼고 보이지 않지만 보는 사람들이다. 항구를 다른 사람에게 내 주는 사람은 영혼의 풍랑을 잠재우게 된다.

도대체 '무'란 무엇인가? '무'란 어디에서 왔을까?
모든 우주적인 질서와 생명의 연결은 〈끈〉이다.
끈의 출처를 찾아 올라가면 반드시 그 근원지를 찾게 된다.

제10장

경쟁사회 속에서 이기는 지혜

프로이드는 인간 마음 깊은 곳에는 이기적이고 사악한 것들로 가득 차 있다고 했다.

이러한 인간과 관계를 맺고 대화하며 교제하며 또 함께 공기를 마신다는 것은 결코 쉬운 일이 아니다.

발파자르 그라시안은 그의 저서 『세속적인 세상을 사는 지혜』에서 특유의 날카로운 필치로 그런 인간들과 어떻게 함께 살아야 하는지 조언을 해주고 있다.

그는 예리한 메스를 들고 인간 심리의 깊은 곳을 꿰뚫어 보면서 인간이 어떻게 처세하여야 할 것인가를 평범한 언어로 이야기하고 있다. 그는 우리가 빛 속에 숨겨진 그림자를 발견하게 한다.

오늘날같이 경쟁이 심한 사회에서 생존하기 위해서는 단 하나의 결점이라도 다른 사람들에게 노출시켜서는 안 된다.

도덕적인 흠이나 성격적인 결함이 없는 사람은 거의 없다. 이런 결

함은 쉽게 치유될 수 있을 것처럼 보이는 순간에 굴복되기 쉽다.

우리를 슬프게 하는 것은, 사람들의 탁월한 재능을 가진 사람들 뒤에 숨겨진 사소한 결점을 세밀하게 발견해 내는 일이다.

구름이 태양을 이지러지게 만드는 것처럼, 결점은 명성의 얼굴에 붙은 사마귀와 같아서, 적의는 그 결점을 재빨리 발견해 내곤 한다. 그러나 이런 결점을 매력적으로 보이게 하는 뛰어난 기술도 있다.

우리를 에워싸고 있는 크고 작은 결점들은 의식적으로나, 무의식적으로도 우리를 괴롭히고 있다. 우리는 종종 우리 자신에게는 아무런 결점이 없는 것처럼 말하고 행동함으로써, 우리들이 가지고 있는 결점 위에 또 하나의 결점을 올려놓고 있다.

벤자민 프랭클린은 자기가 가지고 있는 결점을 고치기 위해서 노력을 했지만 실패하고 말았다.

우리들은 현실의 삶에 불만을 가지고, 자기 자신이 다른 사람들보다 못났고, 수입도 적고, 학력도 모자라고, 항상 무엇인가 부족하다는 것을 느낀다. 더 좋은 내일을 꿈꾸지만, 오늘이 지나고 내일이 오면, 그것이 오늘이 되어 어제나 오늘이나 별 다를 것이 없다는 것을 느끼게 된다.

지상에는 어제나 오늘이나 내일이라도, 결점 하나 없는 완전한 사람은 아무도 없다.

존 왕은 영국의 왕이었는데도 영어를 전혀 쓸 수가 없어, 칙허장인 마그나 카르타에 서명대신 도장을 찍었다. 이러한 결점 때문에 존 왕은 노르망디 전쟁의 실패로 재정적인 위기에 몰렸고, 대영주로 하여금 세금을 더 인상하는 데 실패했다.

위대한 웅변가인 데모스테네스는 유년시절에는 말을 심하게 더듬는 소년이었다. 웅변가로서는 말을 더듬는다는 것은 결정적인 결점이었지만 입 안에다 자갈을 넣어둔 채 큰 소리로 말하는 피나는 연습으로 모든 것을 극복해 낼 수 있었다.

1950년대에 젊은 세대의 우상이었던 제임스 딘은 사팔뜨기라는 영화배우로서 치명적인 결점을 가지고 있었지만 〈에덴의 동쪽〉〈이유 없는 반항〉에서 그의 곁눈질을 하는 모습은, 반항아의 상징적인 모습으로 보이도록 솟았다.

수많은 여성 팬들은 그의 곁눈질하는 모습에 열광했지 않은가. 그가 시력장애 때문이었음을 알고 있는 사람은 아무도 없었다.

줄리어스 시저는 자기의 결점을 월계수로 감추었다.

⑧⓪ 신비감은 그 비밀스러움 때문에 존경심을 유발한다

내가 지금 무엇을 하고자 하는지를, 다른 사람들에게 확실히 드러내지 않도록 하라. 새로운 것은 경탄을 받을 때 이미 성공을 기대한다. 지나치게 명백한 것은 유용한 것도 아니고, 품위가 있는 것도 아니다. 자신의 의도를 직접 밝히지 않음으로써 사람들의 기대감을 불러 일으킬 수 있다.

특히 자신의 사회적 지위가 중요한 자리에 있을 때 더욱 그렇다.

다른 사람들에게 자신을 드러내야 할 경우에라도 솔직함을 피하고 누구에게도 자신의 내면을 들여다보게 해서는 안 된다. 조심스러운 침묵에는 신중함이 뒤따른다.

일단 모든 것이 적나라하게 밝혀지고 나면, 좋은 의도도 결코 높이 평가되는 법이 없고, 오히려 비난의 대상이 되기 쉽다. 만일 그것들의 결과가 나쁘게 밝혀진다면, 불행은 배가될 것이다. 그러므로 사람들로 하여금 지켜보고 기다리게 하려면, 신의 섭리처럼 자신의 의도를 감추어라.

　분명하고 이해하기 쉬운 문체로 시를 쓰는 유명한 시인으로 로버트 프로스트(Robert Frost)를 들 수 있는데, 그의 시는 단순하고 분명하다.
　그의 시는 모든 것을 한꺼번에 드러내고 있기 때문에, 감추어진 신비스러움이 없다.　그러나 미국 태생 영국 시인인 T. S. 엘리엇의 시는 난해할 뿐만이 아니고 경이롭도록 신비함이 깔려 있다.

〈불멸의 속삭임〉

그는 뼈 속의 고뇌와
해골의 오한을 알았다.
어떤 육신에 접촉해도
뼈의 열병은 낫지 않는다.

　온 힘이 한 곳에 집약된 듯한 애매하지만 신비스러운 표현, 이미지즘(Imagism), 모더니즘 (Modernism) 같은 막연한 시적 표현은, 1948년 노벨 문학상을 거머쥐게 했다.

　윌리스 스티븐슨(Wallce Stevens)은 그의 작품 〈자연스러운 울음소리(Spontaneous Cries)〉에서 '신비스러운 파동'에 대해서 썼다.

메추리가 부르짖는 자연스러운 울음소리는
비둘기와 같은 무리를 만들며

날개를 넓게 편 채 어둠 속으로 하향하며

가라앉을 때의 신비스러운

파동……

인간과 자연은 그 창조 과정에서부터 절대적인 신비에 속한다.

만약에 모든 것이 다 적나라하게 노출되어 파내어진다면 그것이 무의미하게 될 것이다.

'신비스러운 파동'은 무엇을 의미할까? 그것은 신비를 다 베껴버리고 나면 무엇이 나올까? 만약에 그렇게 된다면 인간은 무엇을 기대할까?

제인 오스틴의 『오만과 편견』이란 작품이 전 세계적으로 젊은 독자들을 매료시켰던 것은, 결혼에 깔린 마법의 융단 때문일 것이다. 그녀의 소설은 경쾌하고, 전혀 고뇌하는 흔적이 보이지 않는, 마치 봄이 되면 꽃이 피듯이 자연스럽게 생겨난 것처럼 보인다.

제인 오스틴이 창조해 내는 주인공들은 폭력을 휘두르는 무정부주의자들이 아니고, 일상을 마법(Magic)으로 바꾼다.

그녀는 우리에게 사랑이 마법을 보여주기 때문에, 그 작품 속에서 무엇이 나올 것인가를 기대하게 된다.

지성인일수록 애매한 말을 써서 자신이 한 말이 무엇을 의미하는 지를 잘 모르게 만들어, 다른 사람들이 더 많은 관심을 갖게 만든다.

유능한 교사들은 학생들에게 주요한 문제에 대해 명료한 설명을 제시하지 않아, 어떤 경이로운 현상을 만들고자 한다. 정치가들은 말을

아주 아끼며 스크린시킬 뿐만이 아니고, 애매한 표현을 써서 앞으로
어떻게 되는지도 모르는 사태에 대비하고자 한다.

제임스 조이스의 『율리시즈』에서처럼, 버지니아 울프(Virginia
Wolf)는 그녀의 대표적인 작품인 『댈러웨이 부인』에서 '침묵의 흐름
(Stream of Silence)'이란 새로운 장르를 개척해서 그 작품을 신비스
럽게 만들어 가치를 높이고 있다.

신비감은 그 비밀스러움 때문에 존경심을 유발한다.

81 자신을 신랄하게 비평하는 사람보다는 예찬하는 사람을 더 조심하라

정보를 얻을 때 주의하라. 우리는 인생의 대부분의 시간을 정보수집에 소비한다. 우리가 이 세상을 살아가면서 직접 볼 수 있는 것은 적기 때문에 다른 사람들을 믿고 산다. 귀는 진리의 후문이요, 거짓의 앞문이다. 진리는 대부분 눈으로 목격되는 것이지, 귀로 듣는 것이 아니다. 더욱이 진리가 멀리서 오솔길로 올 때 순수하게 우리에게 도달되는 경우는 거의 없다. 그것이 통과하는 곳은 흥분의 감정으로 섞여버린다.

감정은 그것이 부딪치는 모든 것에 색칠을 한다. 이 색깔은 항상 어떤 이미지를 강하게 심어 준다.

자신을 신랄하게 비평하는 사람보다는 예찬하는 사람을 더 조심하라. 맷돌을 돌리는 도구가 무엇인지, 어느 쪽으로 발을 절고 있는지, 어느 쪽으로 머리가 향하고 있는지를 발견하라.

거짓되고 자신이 많은 사람들을 조심하라.

전쟁을 할 때 가장 중요한 것은 무엇보다도 상대 적국의 군사작전에 관한 정보를 얻는 데 있다. 광개토대왕이 연나라와 싸울 때도 세작으로부터 얻은 믿을만한 정보 때문에 이길 수가 있었다. 물론 세계1차대전과 2차대전 때에도 스파이들이 갖다 준 정보가 연합군에게 승리를 안겨줄 수 있었다.

오늘날, 우리들에게 가장 매력적인 정보는 "어떻게 하면 건강하게 살 수 있나" 하는 웰빙에 관한 것이다.

한 예를 들면, 아스피린은 심장마비와 각종 암을 예방한다는 연구결과가 계속해서 발표되고 있다. 지난 수십 년 동안 1백만 명 이상을 대상으로 한 수십 건의 연구결과에 따르면, 아스피린에 이런 효과가 있다고 한다. 매일 한 알씩(베이비 아시피린 같은)을 복용할 때, 심장병, 암을 예방해 주며, 치매환자의 뇌 기능 활성화를 돕고, 편두통 완화, 임신부 고혈압을 예방하며, 담석 재발을 막아주는 역할까지 한다는 사실이 연구결과에 의해서 알려졌다.

감자에 들어 있는 비타민C는 어떠한 열에도 파괴되지 않으며, 비타민K는 간 기능을 원활하게 하며, 비타민T는 빈혈 치료에 도움을 주며, 비타민U는 위궤양의 치료에 도움을 준다는 사실이 알려졌다.

지금 우리는 앉아서 전 세계를 손바닥을 보듯이 볼 수 있는 시대에 살고 있다.

거의 모든 젊은이들이 일상적으로 웹(Web)을 사용하면서, 웹은 사람들 간에 가장 중요한 관계라고 하는 거대한 공간을 차지해서, 그 속에서 웃고 울고, 기뻐하고 슬퍼하며, 거짓 정보도 얻고 참 정보도 얻는다. 웹을 기반으로 해서 놀면서 기존 상식이나 보도를 뛰어 넘는 집단

지성의 파워를 형성하기도 한다.

클릭 한 번으로 행복을 사기도 하고 잃기도 한다. 클릭 몇 번으로 데이터를 생산하고, 다수가 이를 공유하기도 한다.

쌍방향 개방형 플랫홈인, 웹 2.0시대이기에 가능한 일이다.

웹은 사람과 사람 사이를 연결시키고, 그 연결 속에서 인류의 문화와 예술을 향상시킬 뿐만이 아니라, 우리가 뛰어 놀 수 있는 공원 같은 공간을 만들어 준다.

공자는 이렇게 말했다.

"가령 아침나절에 진리를 깨달았다면 저녁에 죽어도 한이 없는 것이라"라고.

리의 오솔길을 걷는다는 것은, 칼날 위를 걷는 것 같이 위험하며 균형을 잡지 않으면 안 된다. 이것은 마치 곡예사가 팽팽하게 건너지른 밧줄 위에서 막대기 하나를 균형봉으로 삼아 걷는 것과 같이 아슬아슬하다. 진리의 오솔길을 걷자면 주위에는 방울뱀도 있고, 여우, 늑대 같은 야수들이 득실거리며, 아래를 내려다보면 낭떠러지 밑에는 뾰족한 칼날 같은 바위들이 보여 무시무시한 광경을 연출하고 있다.

진리의 오솔길을 걷다 보면 어느새 검은 색의 안개도 서서히 사라지고 폭풍우가 휘몰아치는 어두운 밤은 떠오르는 태양 빛에 녹아 없어지는 것을 보게 된다.

이 때 우리는 진리가 우리 인생의 최고 절정임을 알게 된다.

그대들이 원하는 것, 좋은 스포츠 카, 최신 스마트폰, 아름답게 설계된 집, 이런 것들은 그대들의 마음의 기갈을 채워줄 것같이 생각되지만, 한 번 가지게 되면 금방 싫증을 느끼게 될 것이다.

참된 행복을 원한다면 진리에서 구하지 않으면 안 된다.

진리는 결코 길바닥에 떨어져 죽지 않는다. 진리를 발견한다는 것은 결코 쉬운 일은 아니지만, 그래도 우리는 진리를 발견하기 위해서 진리의 오솔길로 들어가지 않으면 안 된다.

아직도 인류가 가 보지 않은 그런 진리의 오솔길로….

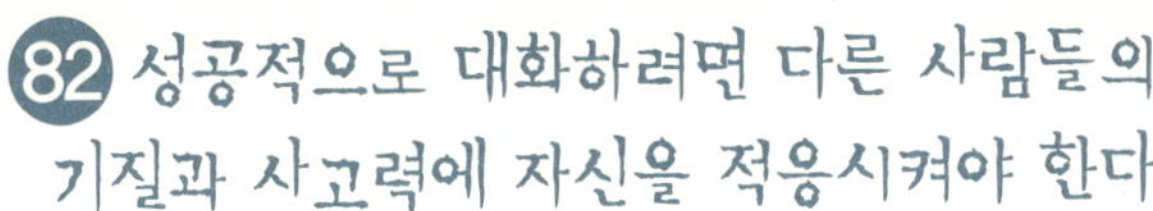

82 성공적으로 대화하려면 다른 사람들의
기질과 사고력에 자신을 적응시켜야 한다

능숙한 대화를 구사하라. 대화술은 진정한 인간의 척도이다. 인간의
어떤 행위도 이보다 더 신중성을 필요로 하지 않는다. 왜냐하면 어떤
행위도 이보다 더 일상적이지 못하기 때문이다. 대화로 인해 얻거나
잃는다.

편지를 쓰는 데에는 신중함이 필요하다. 편지란 사고(思考) 끝에 써
내려가는 대화이기 때문이다. 일상적인 대화에서는 신중함을 더 필요
로 한다.

"말하라. 그러면 내가 너를 알게 될 것이다."라고 현인은 말했다.

어떤 사람들에게 있어서는 대화의 기술이라는 것이 느슨하게 아무
렇게나 맞춰 입는 옷처럼 아무런 기술도 갖지 않는다고 생각한다. 친
구들 간에는 이것이 진실한 대화일 수 있다. 그러나 품위 있는 세계에
서는 대화가 좀 더 무게를 지닌 것이어야 한다. 성공적으로 대화하려
면 다른 사람들의 기질과 사고력에 자신을 적응시켜야 한다. 자신을

말의 검열관으로 설정하지 마라. 더구나 문자의 검열관은 되지 마라. 이는 남들로 하여금 당신을 회피하고 대화를 하지 않게 만든다. 담화에 있어서는 웅변보다 분별력이 더 중요하다.

대화의 절정은 침묵 속에 머문다. 석가나 예수도 침묵 속에서 가장 심각한 질문에 대한 답을 이끌어내었다. 정신과 의사들은 환자와 대화할 때 환자들만이 말을 하게 하고 자신은 침묵 속에서 대화를 이끌어간다.

친구들과 대화를 할 때, 무어라고 말머리를 꺼내야 할 지 몰라 어리둥절할 필요가 없다. 그대들은 말을 먼저 꺼낼 필요도 없고 듣고만 있으면 되니깐.

상식이 있는 침착한 젊은이는 학문과 독서로써, 어떠한 대화에서도 상대방을 능가하는 대화의 영웅이 될 것이다. 그대들은 상대방이 듣고 싶어 하는 것이 무엇인지, 어떤 것들이 기분을 언짢게 하는지, 어떻게 말을 해야 재미있게 대화를 이끌어 갈지를 알고 있다.

다른 사람들이 하는 말을 듣고 있을 때, 우리들의 눈 속, 마음속에서는 그들의 말이 끝나고 내가 말을 할 수 있는 차례가 오기를 기다린다는 듯이 어떤 미풍이 불어오기 시작한다.

그대들은 어떤 미팅에서나 대화를 할 때, 자리에 없는 친구에 관한 단점이나, 말 못할 비밀 같은 것을 지켜주어라.

상대방이 말을 하고 있을 때는 귀를 기울여 들어 주는 것은, 기회가 있을 때 내가 그 사람의 대화 사이로 뚫고 들어가서 그 사람의 말을 가

로막고 내 말을 하기 위해서가 아니라, 상대방에 대한 나의 존경과 사
랑이 있기 때문이다,

 대화 속에서 찾을 수 있는 따뜻한 말 한마디("내가 그대들을 소중히
여긴다"는)가 인생을 바꿀 수 있는 것을 사람들은 모르고 있다.

83 다른 사람들을 관대하게 대하라

다른 사람들을 관대하게 대하라. 항상 고상하게 되기를 갈망하라. 훌륭한 사람들은 소심해서는 안 된다. 다른 사람과 대화를 할 때, 어떤 일에 있어서 세밀하게 따져서는 안 된다. 특히 좋지 않은 일일 때 더욱 그렇다. 매사에 세심한 것은 바람직하지만 너무나 구체적으로 파고드는 것은 좋지 않다.

일상적인 일에 예의를 갖추어 관대하게 행동하라. 이것은 정중한 행위이다. 좋은 처세술이란 알고도 모르는 척하는 것이다. 친구, 친지 그리고 당신의 적들 사이에서 생기는 대부분의 일에 모르는 척 눈을 감아라.

너무나 지나치게 세심한 것은 지겨운 일이다. 당신이 이러한 성격의 소유자라면 다른 사람들에게 귀찮은 존재가 될 것이다. 불쾌한 일에 계속해서 끼어든다는 것은 일종의 미친 짓이다.

로마의 시인이며, 철학자인 세네카는 우리에게 이런 이야기를 남겨

주었다.

마케도니아 왕 안티고노스(Antigonos)의 천막 앞에서 두 병사가 왕을 비난하고 있었다. 돌연 왕이 그들 앞에 나타났다. 왕은 그들의 당황한 표정을 못 본 체하고는 "너희들, 좀 더 멀리가면 어떻겠느냐? 내 귀에 너희들의 말이 모두 들어오니까!"라고 했다.

인물이 크면 클수록, 그릇이 크면 클수록 모든 것을 너그러이 받아들인다.

그대에게 있어서 가장 귀중한 아름다운 시간은, 당신이 그 누군가를 사랑하고 있는 바로 그 시간이다.

칼날을 잡으면 다칠 것이고
칼집을 잡으면 보호해 줄 것이다

적을 이용하는 법을 배워라. 칼날을 잡으면 다칠 것이고 칼집을 잡으면 보호해 줄 것이다. 적을 이용할 줄 알아라. 지혜로운 자에게는 적의 도움이 우둔한 자가 친구에게 주는 도움보다 낫다. 호의가 감히 해 낼 수 없는 난관의 산이라고 해도 평평하게 만들 수 있다. 많은 사람들에게 보이는 위대함은 적으로 인한 경우가 많다.

아첨은 증오보다 더 잔인하다. 증오는 과실을 수정하고자 하지만, 아첨은 그것을 가장시키기 때문이다.

신중한 사람들은 거울에 비친 악한 자들의 모습에서 무엇인가를 배운다. 이것은 호의보다 더 진실하다. 그리하여 다른 사람들로 하여금 자기의 결점을 잘 보이지 않게 하거나 수정한다. 악한 적수의 변경(邊境)을 건널 때 매우 조심하게 된다.

그대들은 어떠한 어려운 환경에 처해진다고 하더라도 절대로 아첨하지 말라. 아첨은 완전한 자기 자아가 상실했을 때 비굴한 방법으로

자신을 낮추는 것을 말한다.

영국의 작가 윌리암 태커레이는 그의 소설 『허영의 도시(Vanity Fair)』에서 등장인물들을 돈 있고 권력 있는 사람들을 만날 때 마다 굽실거리는 모습으로 묘사했다.

프랑스의 극작가 피에르 드 보마르쉐는 그의 작품 『피가로의 결혼(The Marriage of Figaro)』에서, 만약 당신이 평범한 사람으로 아첨만 잘 한다면, 어느 정도까지는 성공할 것이라고 했다.

도요토미 히데요시는 빈농가의 출신으로, 오다 노부나가의 몸종으로 그를 섬기며 아부를 잘한 결과 노부나가가 죽자, 정적들을 죽이고 그의 계승자가 되었다.

엘리자베스 여왕은 악명 높은 헨리 8세와 그에 의해서 처형된 어머니 앤 볼린 사이에서 출생하였다. 그녀는 일생을 독신으로 살면서 영국을 세계 강국으로 만드는 기반을 굳혔다. 그녀는 자기의 어머니가 간신배들의 모략으로 억울하게 죽었다는 것을 알고 있었다. 어떤 신하가 어머니의 죽음에 관계했던 사람들의 명단을 여왕에게 올렸다.

이 사람들은 여왕에게는 어머니를 죽게 한 원수 같은 사람들이었지만, 여왕이 그들의 이름이 적힌 종이를 받아 불타고 있는 벽난로에 던짐으로써 그들을 친구로 만들었다.

그러나 연산군은 어떠했는가. 연산군은 어머니 윤씨를 죽게 했던 사람들을 모두 처형함으로써 친구가 될 수 있었던 우호적인 사람들을 원수로 만들었다.

다른 사람들의 의도를 파악하여 행동하라. 그들의 숨은 뜻과 표면적인 동기를 파악하라. 지상에서 인간의 삶은 악에 대항하는 투쟁이다.

교활함은 그 자체의 의도를 전술로 한다. 교활함은 결코 그것이 지시하는 대로 하지 않는다. 그것은 남을 속이는 것을 목적으로 하고, 의도하는 것에 대해서는 무관심한 척 해보이면서 공격을 가하고, 겉으로 나타나지 않는 진실에 대해서 면밀하게 위장을 하고, 다른 사람들의 관심과 신뢰를 얻기 위해서 그 의도를 넌지시 암시한다. 그러나 다른 사람들의 관심을 사기 위해서 거짓 의도를 드러내고 갑작스럽게 일격을 가하여 승리에 이른다.

통찰력 있는 지혜는 면밀한 관찰을 통해 교활함을 피하고 조심스럽게 매복(埋伏)해서, 교활함의 반대편에 서서 즉시 나쁜 의도를 발견해낸다.

지혜는 첫 번째 의도를 그냥 통과시키고 두 번째, 세 번째 암시까지

기다린다. 이 때 교활함은 위장에 치장까지 해 기세를 부리고 진실 자체를 교묘하게 이용해서 속이려고 한다. 술책을 바꾸기 위해서 수풀 속에 숨어 있는 뱀처럼 위장해 우리를 현혹시킨다. 그러나 면밀히 관찰하면, 이 모든 것을 꿰뚫어 볼 수 있고 빛 속에 숨겨진 그림자도 발견해 낼 수 있다. 그리하여 기만적이었던 감추어진 의도를 해독해 낼 수 있다.

간교한 피톤(Python)은, 아폴로(Apollo)의 사물을 꿰뚫는 눈부신 광채에 대항한다.

피톤은 그리스 신화에 나오는 거대한 뱀으로 태양신 아폴로의 발밑에서 죽는다.

빛 속에 숨겨진 그림자, 그 속에 무엇이 들어 있을까?

아마도 간교한 뱀들이 들어 있을 것이다. 가장 독이 강한 뱀은 클레오파트라가 자살할 때 사용한 ASP이란 이집트 산 독사이고, 인류 조상의 어머니인, 하와를 유혹한 뱀은 Serpent로 평범한 뱀 이상의 뱀을 의미하는 것 같다.

노아의 방주 기사에서도 두 마리의 뱀 Serpent와 Reptile이 나온다.

이와 같은 뱀은 배로 기어 다니는 것이 특징이다. 아프리카와 아시아가 원산지인 독사의 일종으로 알려진 Cobra가 있다.

이 코브라와 자매 격인 뱀으로 피톤(Python)이 있는데, 예전에는 이것은 시인들과 화가들, 그리고 위대한 올림포스의 신 아폴로를 모시던 고대 그리스의 파르나소스 산 동굴을 드나들던 거대한 신화적인 뱀이었는데, 결국에 이 거대한 뱀도 덜히(Delhi)근처에서 아폴로에 의해 죽임을 당했다고 한다.

윌리엄 섹스피어의 〈베니스 상인〉에서 악역으로 나오는 샤일록의 최초의 의도는 돈을 빌려 주겠다고 했지만 그 돈을 못 갚을 것을 알고, 그 대신 안토니오의 살(Flesh) 한 파운드를 담보로 요구했던 것이다.

그 당시 영어의 'Flesh'는 보통 평범한 살이 아니고, 남자의 성기(Sex Organ)를 의미했다.

샤일록의 숨은 의도는 안토니오를 성적 불구자로 만들거나 죽이는 것이었다.

비아 도로로사 길을 갈 때, 노점 상인들의 교활하고 강력하게 강요하는 소리에 끌려 들어가서 다른 곳에서 $1에 파는 것을 $10에 산 적이 있다.

속담에 나오는 교활한 양탄자 장수는 교활의 전형이다. 도대체 그 숨겨진 의도를 알 수 없으니 말이다.

교회에서 들려오는 많은 설교들이 회중에게 악마의 계략과 숨겨진 의도에 대해서 경고하는 메시지를 전하고 있다. 악마는 항상 미소를 지으면서 찾아오기 때문에 그 숨겨진 의도를 알 수 없다는 것이다.

86 이제 우리는 새로운 초상화를 그려야 한다 자신을 있는 그대로 알고 승인해야 한다

자신이 자주 저지르는 과실을 알아라. 가장 완벽한 사람이라 해도 과실을 피할 수는 없지만, 마치 결혼한 남녀 사이처럼 과실이 몸에 배어 있는 까닭은 무엇인가? 지성 속에도 결함이 있으며 그러한 결함은 지능이 대단한 사람들에게서 가장 두드러지거나 또는 가장 용이하게 인지(認知)된다.

자신의 과실을 스스로 알고 있기 때문이 아니라, 스스로 과실을 사랑하기 때문이다. 이것은 하나 속에 두 개의 불행이 들어 있는 셈이다, 다시 말해 과실에 부여된 불합리한 애정인 것이다. 이것들은 완벽함이라는 얼굴 위에 묻은 검은 점이다. 그러한 결함은 다른 사람들에게는 반감을 주지만 우리에게는 아름다운 특징으로 보인다.

용감하게 스스로를 극복하여 자신의 재능을 더하도록 하라. 사람들은 누군가의 과실을 알아채는 데에는 매우 빠르다. 그들은 당신의 재능을 칭찬하는 대신, 당신의 결점을 자세히 설명한다. 그리고 그것을 당신의 재능을 흐리게 하기 위해 이용한다.

실패!

이것도 성공과 마찬가지로 우리 인생에 있어서 큰 경험 가운데 하나이다.

경험이 우리들의 보이지 않는 자산이라고 한다면, 실패 또한 우리들의 재산 목록에 들어가야 한다.

『그리스인 조르바』 작품 속에서 조르바는 '자신의 인생이란 파도 타는 서퍼로서 완전한 실패자'라고 생각했다.

그는 자기가 원하는 바를 이루기 위해서 용감하게 행동하지 못하고 실패했을 때의 걱정부터 하다가 결국 세월만 허송하고 세상만 저주했다. 실패에 대한 걱정을 하기보다는 차라리 실패가 일보 전진이다. 그러나 실패로 인하여 우리들의 삶의 날이 무디게 되고 희망이 소진되었다고 생각할 때가 있다. 그리고 그렇게 된다고 하더라도, 우리는 있는 그대로 우리들의 삶이 완벽하지 못하다는 것을 받아들일 때, 우리는 다시 우리의 새로운 초상화를 그리게 된다.

대부분이 사람들은 자신에 대해 이중적으로 해석한다. 한 방에는 밝고 화려하게 빛나는 색채로 그려졌으나, 어떤 음영도 들어가지 않아 조화를 잃은 듯한 미덕의 초상이 걸려 있고, 다른 방에는 비현실적이리 만큼 어둡고 짙은 초록이나 검은 색으로, 빛이나 양각이 삽입되지 않은 채 그려진 자기 비난의 캔버스(그로테스크한 도리안 그레이의 캐리커처와 같은 종류의 그림)가 걸려 있다.

우리는 뒤엉킨 감정 속에서 우리의 죄와 시기, 질투, 수치를 우리 성격의 한 요소로써 받아들이기를 두려워하고 있다. 이러한 우울한 상태에서는 우리들의 진정한 자아가 선과 나눔 정신과 이타심으로 구성되어 있다는 것을 인정하기를 두려워하고 있다. 이제 우리는 새로운 초상화를 그려야 하고 자신을 있는 그대로 알고 승인해야 한다.

인생에 있어서 실패를 한 번도 하지 않은 사람들은, 대개 아무 것도 해 본 적이 없는 게으른 자임에는 틀림없다.

세 가지 요소가 놀랄만한 사람을 만든다. 창조력이 풍부한 지성, 깊은 판단력, 그리고 쾌적하고 적절한 취향, 이것들은 진정한 고결함의 절정(絶頂)에 의존하는 것들이다.

상상력은 뛰어난 재능이지만, 판단을 잘 내리고 바른 것을 이해하는 것은 더욱 뛰어난 재능이다.

지성은 예리한 것이어야지 피곤하게 만드는 것이어서는 안 된다. 지성은 머리 속에 있어야지 등뼈 속에 들어 있어서는 안 된다.

20세에 이르면 상상력이 사람을 지배하고, 30세에는 이성이 지배하고, 40세에는 판단력이 지배한다. 그리고 50세에는 의지가 지배한다. 마치 살쾡이의 눈처럼 빛을 내뿜는 이해력을 지닌 자들이 있다. 그래서 이들은 가장 어두운 곳에서 가장 훌륭한 판단을 내린다.

가장 적절한 것을 우연히 찾아내는 사람들도 있다. 그들에게는 이따금씩 사건들이 잘 벌어진다. 얼마나 행복하고 풍부한 융통성인가! 기분 좋은 취향에 대해서 말할 것 같으면, 그것은 우리의 전체 삶의 조미료의 구실을 한다.

창의력이 있는 사람이 되어라. 창의력에서 더할 나위없는 지성이 드러나는 법이지만, 광기(狂氣)에 가까운 기미가 없이 누가 그렇게 될 수 있는가? 창의력이 있는 사람들은 독창적이다. 현명하게 선택하고 사리 분별이 있는 사람들이다. 창의력은 일종의 은혜이므로 희귀한 것이다. 선택을 잘 하는 사람들은 많지만 슬기롭게 발명하는 자들은 극소수일 뿐이다. 이 극소수의 사람들은 우수성이라는 면이나 시간이라는 면에서 먼저 가버리는 사람들이다.

새로운 것은 실물보다 더 좋아 보인다. 따라서 그것이 좋은 결과를 가져오게 되면 본래 훌륭한 것을 두 배나 더 빛나게 한다. 판단이라는 문제에 있어서 새로운 것은 위험하다. 새로운 것은 역설을 내포하고 있으므로…. 그러나 지성의 문제에 있어서는 찬사를 받을만하다. 두 부류가 모두 좋은 결과를 가져올 때에는 갈채를 받을만하다.

생생한 상상력을 지니고 그것을 사용하는 사람들은 이성과 지성에 이끌린 사람들보다 더 좋은 일을 할 수 있다. 상상력이 풍부한 사람들은 창의력이 있고 창조적이다. 이 세상의 모든 위대한 작품이나 발명은 한 인간의 상상으로부터 시작되었기 때문이다.

상상력이 풍부한 계획을 세우는 사람들은 모든 가능성과 상황에 대해 생각하고, 상상력이 풍부한 작가는 사람들이 흥미를 느끼고 따라오도록 하는 플롯을 세우고 믿을 수 있는 주인공들을 만들어 낸다. 상상력이 풍부한 전기 작가는 단순한 사건이나 날짜의 기록 이상이어서, 이것은 배경과 심리분석을 갖추고 있다.

모든 각도를 고려한 상상력이 풍부한 연구는 문제에 접근하는 가장 성공적인 방법이고, 상상력이 풍부한 싯귀는 마치 섹스피어나 T. S. 엘리엇처럼 수십년 수백년 동안 우리들의 기억에 남을 것이다.

상상력은 영혼의 눈이지만, 지식이 없는 상상력이란 날개가 없어 추락하는 새와 같다. 그러나 아인슈타인은 상상력이란 지식보다 더 중요하다고 말했다.

미국 라이프스타일 연구기관에서 조사한 바에 의하면 창의력을 필요로 하고 있는 일을 하는 사람들이 창의력을 조금도 필요로 하지 않는 일을 하는 사람보다 더 오래 산다는 연구발표가 있었다. 창의력을 필요로 하는 사람들은 자기가 하는 일에 열정과 열의를 가진 이보다 활동이 적으며 풍부한 자기 생활을 영위하는 것으로 알려졌다. 창의력이 인간의 두뇌에서 나오면서 뇌를 활발하게 움직여 준다고 한다.

이러한 뇌의 운동이 한 번 발동이 걸리면 자동적으로 작동하는 기계처럼 계속하게 된다. 인간의 뇌는 몸이 일단 움직이기 시작하면 멈추는 데도 에너지가 소모되기 때문에 하던 일은 계속해서 하는 것이, 인간 내부에 저장된 에너지를 절약하게 된다고 한다.

그래서 창의력이 풍부한 사람들은 위대한 작품을 만들어 낼 수 있는 것이다. 그리스 작가 소포클레스는 90세에 그 유명한 〈오이디푸스 왕〉을 완성했고, 괴테도 필생의 걸작 〈파우스트〉를 83세에 종결지었다.

88 자신의 생각을 지나치게 명백히 표현치 마라

자신의 생각을 지나치게 명백히 표현치 마라. 대부분이 사람들은 그들이 이해하는 것은 하찮게 생각하고, 그들이 이해하지 못하는 것은 대단하게 생각한다. 어떤 것이든 소중하게 여겨지려면 이해하기에 어려워야 한다. 사람도 상대를 이해하지 못해야 상대를 좀 더 대단한 인물로 생각하게 된다.

존경을 받으려면 자신이 사귀고 있는 사람이 필요로 하는 것보다 더 현명하고 더 신중하게 자신을 연출해야 한다. 그러나 지나치지 않게 적당히 연출하도록 하라. 이성적(理性的)인 사람들은 지적인 면을 높이 평가하지만, 대부분의 사람들은 어떤 고상함을 요구한다. 그러한 사람들에게는 자신이 뜻하는 바를 추측하게만 하고 결점을 찾아내 비판할 기회를 주지 말아라.

많은 사람들은 이유를 말할 수 있는 능력도 없는 상태에서 칭찬을 한다. 그들은 감추어져 있거나 또는 신비스런 그 무엇을 숭배한다. 그

러한 것이 찬사를 받는다는 소문 때문에 그들도 찬사를 보내는 것이
다.

T. S. 엘리엇은 〈시와 시인에 관한 소고(小考)〉에서 이렇게 말했다.
"문명화된 우리 사회의 시인들은 언어 의미를 부여하는 데 있어서
훨씬 더 까다롭고 암시적이며 간접적임에 틀림없다."

이상(李相)은 시인이지만, 그림도 그리고 건축 설계도 했던 다재다
능한 재주꾼이었다. 1934년에 발표한 〈오감도(五感度)〉라는 시는 난
해해서 그 누구도 이해할 수 없었다. 1936년에 발표한 〈날개〉는 문제
작 일 뿐만이 아니라 '자의식의 흐름'이란 새로운 장르의 시였다. 그의
짧은 생애 동안에 쓴 시는 모두 어떤 암시(Alluding)를 하고 있었다.

당신이 어떤 것에 관해 암시하고 있다면, 그것에 대한 관련을 간접
적이거나 우발적인 것으로 연상시키는 방법이다. 지금은 풍요의 삶 속
에서 살고 있지만, 6.25전쟁의 비참했던 상황에 대해 말하기 좋아한다
면, 그때의 굶주림에 관해 암시하고 있는 것이다.
당신이 장애자를 만날 때, 당신이 그의 불구에 대해 암시하고 있다
는 생각을 그가 하지 않는다면 신체적인 부적응에 관해 말하지 않는
것이 좋은 것이다.

간접적인 창조는 그 자체가 암시이다. 모든 현대 미술품이 우리가
도저히 이해할 수 없는 방향으로 암시하고 있어 우리가 쉽게 접근할
수 없게 만든다. 이렇게 해서 그 작품의 가치를 높이고자 한다.

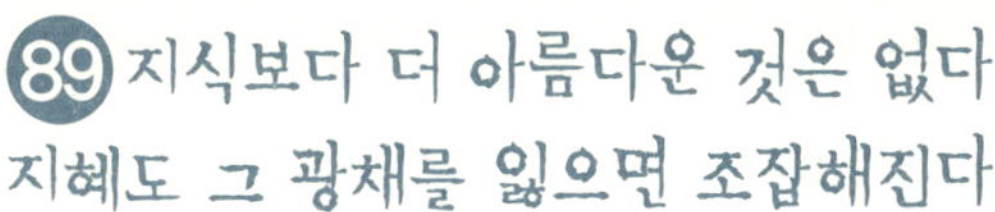

89 지식보다 더 아름다운 것은 없다
지혜도 그 광채를 잃으면 조잡해진다

인간은 야만인으로 태어난다. 교육만이 인간을 짐승 같은 야수에서 벗어나게 만든다. 교육은 우리를 진정한 인간으로 변화시키고, 더 많은 교육은 더 위대한 인간으로 만들어 준다. 교육덕분에 그리스인들은 다른 모든 나라 사람들을 야만인 이라고 부를 수 있었다.

무지는 거칠고 무례하다. 지식보다 더 아름다운 것은 없다. 지혜도 그 광채를 잃으면 조잡해진다. 우리는 지식뿐만이 아니라 의지와 대화도 세련되어야 한다. 생각, 말, 몸단장(나무껍질 같은) 그리고 영적인 재능(열매와 같은)이 서로 조화될 때 자연스런 멋이 있고, 내적으로나 외적으로 세련된 사람이 된다. 한편 다른 사람들은 감각이 둔하고 거칠어져서 자기 자신의 뛰어난 재능조차 참을 수 없는 야만적인 것으로 변색시켜서 연출하고 있다.

지식은 우리에게 즐거움을 주는 것만은 확실하지만, 지식의 정점에 올라가면 혼자서는 도저히 견디어내기 힘든 고독에 빠진다. 사람이 알아서는 안 되는 것, 이것을 알려고 하면 더 할 수 없는 고독에 빠진다.

알면 알수록 의심만 생기는 것이 지식이 주는 부작용이다. 그럼에도 불구하고 우리가 지식을 추구하는 것은, 그 속에 무한대에 도전하는 힘이 나오기 때문이다. 그대가 좋은 책을 통해서 베스트셀러가 된 책 같은 것을 읽고 지식을 얻는 것은, 자랑을 하기 위한 것이 아니고, 아직도 모르고 있는 다른 사람들을 도와줌으로써 자신이 스스로 성장할 수 있게 하기 위함이다. 물질은 분배하면 내 몫이 줄어들는지 몰라도 지식은 나누어 주어도 줄어들지 않는다.

고독의 창문을 열고 나와 배운 것을 나누어 줄 수 있어야 한다. 처음부터 알고 있는 사람이 어디에 있겠는가.

루터는 이렇게 말했다.

"부모는 자녀를 위하여 교양학과 교육보다 더 믿을 만한 보물을 준비할 수는 없다. 집과 가정은 불타고 없어지나, 교육(Kunst)은 타지 않으며 영원하다."라고.

교육이란 결코 고등학교나 대학교, 대학원 그리고 해외유학 같은 정해진 교육과정을 거쳐야 만 되는 것은 아니다.

이러한 교육기관이 우리들을 위해서 할 수 있는 최대의 기여는, 우리들이 스스로 돕는 일을 도와주는 일에 불과할 뿐이다.

1707년, 영국함대는 경도를 잘못 측정한 탓에 시칠리아 섬 근처에서 암초에 부딪쳐 난파했다. 이때 4척의 군함과 2,000명 이상의 인명피해를 냈다.

이 때, 요크셔 주의 기구 제조업자인 존 해리슨은 오래 동안 연구해 온 경도측정에 사용하는 정밀한 기계인, 크로노미터(Chronometer)를 발명해서 내 놓았다. 이 기계는 해양 항해의 새로운 시대를 예고할 만큼 정확한 것이었다.

이 위대한 발명을 한 존 해리슨은 학교는 전혀 다녀본 적이 없고, 독학으로 스스로 깨우친 발명가였다. 조지 2세는 그에게 2만 프랑크를 하사했는데, 오늘날의 환율로 계산해 보면 약 20억원의 가치였다.

프랑스의 수학자이며, 철학자, 물리학자인 블레즈 파스칼(Blaise Pascal)은 전혀 학교를 다니지 않았지만, 아버지로부터 교육을 받으며 스스로 독학으로 공부했다.

그는 『팡세(Pensees)』라는 책을 우리에게 선물로 주었고, 이 책을 통해서 '인간은 생각하는 갈대'라는 명언을 얻었다.

그는 오늘날 우리가 많이 사용하는 전자계산기의 모체가 되는 최초의 기계식 계산기를 만들어 냈다. 그런데 그가 이 기계를 만들고자 한 것은 세금 징수원인 아버지 때문이었다. 세금을 계산하기 위하여 골머리를 앓는 아버지를 보고, 젊은 파스칼은 아버지를 돕기 위해 계산기를 고안해 내었던 것이다.

90 신중한 사람은 두 개의 귀 중, 하나는 진실을 듣기 위해 남겨 둔다

모든 인생에 있어서 이들의 효과가 자취의 검증에 의해 실재함을 알수 있다.

깊은 내면을 보아라. 사물은 외관상으로 보이는 것과 그 본질은 매우 다르다.

그래서 껍질 밖에 보지 못하는 무지는, 그것이 사물을 관통할 때는 환멸로 변한다. 모든 경우에 있어서 거짓이 먼저 도착하여 끝없는 천박함 속에서 바보들을 거짓의 뒤로 끌어당긴다. 진실은 늘 지각한다. 그래서 제일 나중에 도착하여 시간과 더불어 느릿느릿 나아간다.

신중한 사람은 두 개의 귀 중 하나는 진실을 듣기 위해서 남겨 둔다. 그들은 자신들에게 두개의 귀를 마련해 준 만인의 어머니인 대자연에 감사할 따름이다. 거짓은 피상적이다. 그래서 피상적인 사람들은 즉시 거짓에 빠져든다. 통찰력은 현명한 자들과 사려분별이 있는 자들의 존경을 더 많이 받기 위해 물러나 숨어서 산다.

유명한 프랑스의 수필가인 몽테뉴(Montaigue)는 이렇게 말했다.

"인간은 필연적으로 도덕적인 사업을 위탁받은 비도덕적인 창조물이다."

사실 인간은 죄악의 본성을 지녔음에도 불구하고 이성주의적인 관념 없이는 살 수 없으므로 필연적으로 진리와 선을 추구하도록 충동되어진다.

이것이 바로 인간이 걷게 되는 길이다. 열매를 맺는 것이 나무의 본성인 것처럼, 인간은 선과 악을 분별해 낼 수 있는 본성이 있다.

우리는 결코 우리의 무의식을 보지 못하지만 그것은 내부에서 계속적으로 활동한다. 마찬가지로 우리는 결코 하나님을 보지 못하지만 신의 능력은 계속해서 일하고 있고, 우리를 보호하고 지탱시킨다. 전기가 보이지 않는 것과 마찬가지로, 무의식이나 하나님도 보이지 않지만, 그것들은 우리 자신과 우주에서 가장 실제적인 존재이다.

헤라클리투스(BC535-475)는 염세주의 이론 때문에, '우는 철학자'라 불리었다. 그는 모든 물질들의 가변성을 믿지 않아 매일 아침마다 떠오르는 태양마저 하나가 아니고, 일년 365일 다른 태양이 뜨는 것이라고 주장했으며, 모든 사람들이 축복이라 생각하는 태양에 대해서도 회의적인 태도를 보였다.

반면 데모클리투스(BC 460-357)는 그의 낙관주의적 이론 때문에 '웃는 철학자'로 불렸다. 그는 가르칠 때 늘 웃으면서 학생들을 대했고 사물의 어두운 면보다 밝은 면을 강조했다.

이렇게 같은 사물을 볼 때도 철학자에 따라 염세주의의 색안경을 끼

고 보는 사람 우는 철학자가 있는 반면, 낙관주의의 두 눈으로 보는 사
람 웃는 철학자가 있다.

91 지혜로운 자는 침묵의 은거 속에 살면서 소수의 지각 있는 사람들 앞에서만 자신을 드러낼 뿐이다

흐르는 물을 거슬러 올라가면 진리를 놓치고 과오만 범하게 되며, 또 위험에 빠지게 된다.

소크라테스 같은 사람들만이 이것을 할 수 있다. 사람들은 자신의 의견과 다른 의견이 나오면 모욕감을 느낀다. 왜냐하면, 이것은 다른 사람들의 판단에 대한 비난이기 때문이다. 자기를 비난하는 사람들의 의견을 따르든, 자기에게 박수갈채를 보내주는 사람들의 의견을 따르든 반대자는 있기 마련이다.

진리는 소수만을 위해 있고, 책략과 기만은 비천한 만큼 널리 깔려 있다. 대중 앞에 떠들어댄다고 해서 현인이라고는 하지 않는다. 그들은 자신의 목소리로 말하지 않기 때문이다. 마음 깊숙한 곳에서는 저주를 내리면서 모든 사람들의 우매함으로 말하고 있는 것이다.

현인은 다른 사람들로부터 반박 받는 것을 피할 뿐만 아니라, 다른 사람들을 반박하지도 않는다. 그의 내면에서는 견책해도 대중 앞에서

는 조심한다. 감정은 자유다. 자유로운 생각에 어떤 제재가 가해져서
도 안 되고, 주어져서도 안 된다. 지혜로운 자는 침묵의 은거 속에 살
면서 소수의 지각 있는 사람들 앞에서만 자신을 드러낼 뿐이다.

소수처럼 느끼고 다수처럼 말하라.

소수처럼 느끼고 다수처럼 말할 수 있는 사람은, 알렉산더 대왕의
방문 일화로 유명한 디오게네스를 들 수 있다.

그는 그리스 식민도시 시오페에 사는 부유한 상인의 아들로 태어났
지만, 젊었을 때 무엇인가 잘못하여 쫓겨나게 되어 아테네로 갔던 사
람이다. 그는 그의 생애에 의복 한 벌과 지팡이 하나, 그리고 두타대
외엔 걸치지 않았다고 한다. 그는 행복을 얻기 위해서는 인간이 가지
고 있는 자연적인 욕망을 간단하고도 쉬운 방법으로 만족하면 족하다
고 했다.

그는 침묵의 은거 속에 살면서 소수를 느끼고 다수처럼 말을 했던
사람이다.

누구보다도 소수처럼 느끼고 다수처럼 말을 할 수 있던 사람은 소크
라테스이다.

그의 독특한 질문 방식, 즉 스스로 현명하다고 믿고 있던 그들의 생
각이 사실상 무지의 소산이라는 결론을 끌어내는 한편, 처음부터 무식
하다고 내 세운 자신의 유리한 입장을 이용한 소크라테스는 결국 무안
과 창피를 당한 기득권자들인 정치가들의 복수의 칼날을 갈게 만든다.

그 후 질문을 거듭하여 진실을 얻어내는 소크라테스의 독특한 변
증법적 철학은 아테네의 젊은이들로부터 명성을 얻게 되어, 그 방법

을 배우고 싶어 하는 많은 젊은이들이 소크라테스 주위로 몰려들기 시
작했다. 그런데 이렇게 소크라테스의 변증법을 배워 나간 젊은이들은,
대중들에게 끊이지 않는 질문을 퍼부어 그들을 궁지에 몰아넣기가 예
사였다.

노자도 소수를 느끼고 다수에게 말했던 사람이다.

노자는 세상이 어지러워서 숨어 살고자(침묵 속에 은거하면서…)
피해 다니다가 성문을 지키고 있던 문지기의 간청에 못 이겨 그 자리
에서 5,000자로 이루어진 『도덕경(道德經)』을 써 주고 바람처럼 사라
져 버렸다.

오늘날처럼 어지러운 때에 노자여, 어디에서 무엇을 하고 계시나이
까.

정치가들의 불 튀기는 듯한 선거 연설, 목사가 교회에서 하는 지루
한 설교, 외교관들이 정치적인 현안을 놓고 벌이는 긴장감 넘치는 상
담…. 이 때 말을 적게 하면 할수록 설득력이 있으며 성공적인 결실을
맺는다고 한다.

게티스버그에서 아브라함 링컨은 단 2분 동안의 짧은 시간에 그 유
명한 〈게티스버그 연설〉을 함으로써, 2시간 동안이나 길고 장황한 연
설을 한 당대 최고의 웅변가였던 에드워드 에베레트를 앞질렀다.

나는 친구들과의 대화를 할 때면, 먼저 말을 꺼내지는 않을 뿐만이
아니라 그가 하는 말 속으로 끼어들거나, 말을 빨리 끝내달라고 재촉
하지도 않는다. 사람들은 자신이 하는 이야기가 그들에게 유익하던 안

하던 간에, 자신이 하는 말에 귀를 기울이고 있으며, 들어주고 있다는 사실에 말할 수 없는 내적 평안을 느낀다.

그리고 내 차례가 오지 않는다고 해도 나는 얼굴 한 번 찡그리지 않고 기쁨의 가장 완전한 전달자인 침묵 속에서 대화의 길을 찾는다.

셱스피어는 "침묵이야말로 속임 없는 기쁨의 천사이다"고 했다.

"나는 이만큼이나 행복하다"고 말을 한다면 그것은 과히 행복하지 않다는 말과 같다.

지혜로운 자는 침묵의 은거 속에 살면서, 소수의 지각 있는 사람들 앞에서만 자신을 드러낼 뿐이다.

92 신중한 사람은 과장을 억제함으로써 함께 추락하는 것을 막는다

절대로 과장해서 말하지 말라. 최상급 단어만 골라 쓰는 것은 현명한 일이 아니다. 이것은 진리를 손상시키며 판단력을 흐리게 하기 때문이다. 과장할 때 당신은 당신이 받는 찬사를 헛되게 하고 지식의 부족과 정서의 결함을 드러내 보이게 된다.

칭찬하는 말은 호기심을 불러일으키고 욕망을 잉태한다. 그러나 모든 선행이 과대평가 될 때 그러하듯 기대는 그 대가에 상승하지 못한다. 자신의 헛된 기대에 실망한 자는 그것을 적으로 삼아 칭찬하는 사람과 칭찬받는 사람을 비방함으로써 복수한다.

신중한 사람은 과장을 억제함으로써 함께 추락하는 것을 막는다. 진정으로 고명한 사람은 드물기 때문에 당신이 받는 찬사를 잘 생각해 보라. 과장은 거짓말과 흡사하다. 그것은 당신의 취향에 대한 좋은 평판은 물론, 심지어는 지혜에 대한 좋은 평판까지도 허물어뜨린다.

셱스피어의 〈아테네의 티몬(Timon of Athens)〉 4막 3장은, 전쟁에 나가 보았다고 해도 전투에서 상처 하나 입지 않은 허풍선이들… 자기네들만의 안전을 꾀하여 요리조리 피해 다니다가 갑자기 나타나서 자신들의 용맹과 공로를 자랑하면서 전공을 요구하는 자들의 이야기이다.

삼국지만 보아도 그 속에 수많은 전투장면에서 과장된 이야기가 난무하고 있다. 그러기 때문에 우리는 이 소설을 믿지 않는다.

세르반테스의 『돈키호테』는 너무나 황당무계한 이야기가 과장되어 묘사되었기 때문에, 우리는 이룰 수 없는 꿈을 꾸는 젊은 사람들을 돈키호테형이라고 하지 않는가. 이 소설은 역사적 사실과 혼돈하고 있는 것은 사실이지만, 풍자적으로 묘사되었다고 해서 그 실수를 모면할 수 있다. 낡아빠진 갑옷과 투구를 몸에 두르고 스스로를 기사 돈키호테라 부르며, 시골 처녀를 둘치네아 공주라고 생각하고, 근처에 사는 농부 산초 판사를 종자로 하여 앙상한 말을 타고 길을 떠나는 장면을 보면 "허구냐 현실이냐"라는 질문에 갈등을 겪게 된다.

젊은이들은 일반적으로 무엇을 과장해서 말하는 경향이 있다. 스포츠에 대해서 청소년들이 주고받는 말을 들어 보라. 그들은 얼마나 과장되게 말하는지 모른다. 이러한 현상은 그들의 아버지가 하는 말을 듣고 그대로 모방해서 말을 하는 데서 생겼다.

권투선수 알리는 "나비처럼 날아가서 벌처럼 쏘겠다"라고 말을 하면서 얼마나 의기양양했는지 모른다. 몸의 근육과 큰 주먹이 젊은이

들의 가장 아름다운 이상의 모델은 아니다. 젊은이들은 경기장에서 승리를 축하해 주는 갈채에 도취되어 일생에 있어서 더 중요한 것을 잊고 있다.

세계역사가 우리에게 주는 교훈은, 참다운 영웅은 과장된 힘의 과시에서 오는 것이 아니고, 지상에서 오래 동안 존재해오는 이기주의에 대항해서 싸우는 영웅들이라는 것을 깨닫게 해 주는 것이다.

우리는 리암 리슨 주연의 〈더 그레이(The Grey)〉라는 영화를 보면, 내가 현재 서 있는 현실과 영화에서 전개하는 세상을 구별 못할 정도로 영화에 빠진다.

스마트 폰을 사용하는 젊은이들을 보면 그들이 자기네들의 땅에 발을 디디고 서 있는 현실이 무엇인지를 알고 있는지 궁금할 정도로 도취되어 있다.

우리는 과장해서 우리의 모습을 나타내려고 할 필요도 없고, 그렇다고 해서 우리 자신을 너무나 과소평가해서는 안 된다. 지금 그대로의 내 모습 속에서 미래의 그림자를 볼 수 있어야 한다.

나는 내 모습 그대로를 사랑해….

93 슬기로운 친구들은 슬픔을 몰아내지만, 어리석은 친구들은 슬픔을 모아들인다

친구를 선별해서 사귀라. 친구는 신중하게 시험되어야 하고, 운으로 검증되어야 하며, 의지력과 이해력에서 증명되어야 한다. 인생에서의 성공이 이 점에 의지하는바가 큼에도 불구하고 사람들은 이것에 별로 주의를 기울이지 않는다.

어떤 경우에는 서로 관여하다가 우정으로 발전하지만, 대부분의 경우 우연히 친구가 된다. 사귀고 있는 친구에게서도 비판을 받을 수 있으므로 현명한 사람들은 어리석은 자들과 가까이 지내지 않는다. 어떤 사람과 즐겁게 지낸다고 해서 가까운 친구가 되는 것도 아니다. 때로는 상대방의 재능에 대한 믿음도 없이 그의 유머감각을 크게 평가한다.

어떤 우정은 온당한 것이나, 어떤 우정은 불순한 것도 있다. 후자는 즐거움을 위한 것이고, 전자는 결실을 맺게 해주는 것이어서 성공을 가져오게 한다. 그러나 우연이 아니라 선택이 다스리게 하라.

슬기로운 친구들은 슬픔을 몰아내지만, 어리석은 친구들은 슬픔을 모아들인다. 친구들과의 우정을 오래 유지하고 싶으면, 그들이 부유해지기를 바라지 마라.

친구를 가져라. 그들은 또 하나의 다른 삶과도 같은 존재들이다. 어떤 친구에게는 모든 친구가 선량하고 현명하다. 친구들과 함께 있으면 만사가 잘 된다.

사람이란 남들이 원하고 또 말하는 만큼의 가치를 지니고 있다. 남을 돕는 것보다 더 사람을 매혹시키는 것은 없다. 그러므로 친구를 얻는 가장 좋은 방법은 스스로 친구처럼 행동하는 것이다.

우리는 최대의 것과 최고의 것을 남들에게 의존한다. 우리는 친구와도 살고 적들과도 살아야 하는 운명을 지니고 태어났다. 매일 모든 것을 털어놓고 믿을 수 있는 친구는 아니라 하더라도 적어도 추종자가 될 수 있는 친구를 한 명씩 얻도록 하라. 잘 선택하면 몇 명은 완전히 믿을 수 있는 친구가 될 것이다.

그대가 꿈꾸는 그런 친구란 이 세상에는 없다.

BC 44년 3월 15일, 시저를 둘러싸고 있던 자객 중 제일 먼저 행동을 취한 인물은 시저의 측근이며 친구인 릴리우스 킴버였고, 그 다음으로 시저를 공격한 자는 은혜를 많이 받은 친구인 카스카였다. 또한 23개의 단검이 그를 난자할 때도 시저는 한 마디 말을 하지 않았다가, 두 번째의 공격을 하려는 마르쿠스 브루투스(Brutus)를 알아보고서야 비로소 "너까지냐?(Et,Tu, Brutus!)"라고 그리스어로 꾸짖는다.

시저에게 있어서 브루투스는 아들 같으며 친구 같은 존재였다.

오래 전에 한국에서 상영된 〈친구〉라는 이름의 영화가 있었다. 영화 속에서 주인공들은 고등학교 때 다정한 친구들이었지만, 그들이 사회에 진출하자, 각기 다른 방향에서 일을 하게 되어 서로 친구가 아니라, 친구이기 때문에 죽일 수밖에 없는 원수가 된다는 이야기였다.

박정희 대통령은 친구인(사실은 그들은 같은 고향 친구였다) 김재규 정보부장에 의해서 저격당했다. 예수는 그의 제자이며 친구 같은 가롯 유다에게 은 30냥에 팔렸지 않은가.
좋은 친구가 세상에서 무엇보다도 귀한 줄은 알지마는 참 벗을 구하기는 힘들다. 그것은 인간의 마음은 하루에도 7번씩 면두가 변하는 칠면조의 속성을 가지고 있기 때문이다.

오늘날 젊은이들은 "어떤 친구를 만나야 될 것인가" 하는 가장 현실적인 심각한 문제에 부딪치고 있다. 친구란 우연히 이루어지는 것도 아니며, 노력해서 만들어가는 우정 속에서 탄생하는 것도 더욱이나 아니지만, 그러나 어디에서 왔는지 모르는 귀한 선물 같은 것이다.

젊은이들은 잠깐 이야기를 주고받고는 곧 친구가 되어버린다. 물론 전에는 전혀 모르는 사이였으므로 조금도 서로를 알지 못한다. 슬기롭고 교양이 있으며, 올바른 주견(主見)을 가진 그 사람만이 그대들의 진정한 벗이 될 수 있다.
처음 만났을 때의 겉모습만을 보고 믿어서는 안 된다. 비록 그 사람

이 남루한 옷을 입었더라도 문제가 아니다. 다만 그대와 처지가 같은 처지의 젊은이, 그대와 같은 종교를 가지며, 같은 도덕관념을 가진 사람을 선택해서 친구를 삼아야 우정이 오래 유지된다.

거짓 친구를 잃어버리는 것은, 한결 이익이며, 성장이라고 해도 좋다. 그것은 우정이 무엇인가에 대해서 눈을 뜨게 하기 때문이다.

좋지 않은 친구와 절교하게 되면 다른 좋은 친구가 나타난다. 사람은 이렇게 끊임없이 고쳐가면서 우정을 지속시키지 않으면 안 된다. 이러한 변화가 우정을 유지시켜 준다.

인류 역사에 있어서 가장 고귀한 우정을 보여준 사람은 다윗(David)과 사울의 왕위 계승자인 요나단이다. 요나단은 아버지 사울과는 달리 성격이 고상해서 왕이 될 자격을 갖추었다고 볼 수 있다. 그러나 그는 자기의 계승권을 깨끗이 버리고, 경쟁자인 다윗에게 헌신해서 우정의 진실 됨을 보여준 멋있는 남자였다. 그들의 우정은 죽는 날까지 변하지 않고 지속되었다.

황금(Gold)은 불로 달궈서 알 수 있는 것과 같이, 우정도 불같은 역경에 처했을 때 알 수 있는 것이다.

자신의 재능을 발휘하라. 타고난 재능을 뽐내라. 누구에게나 한 번의 기회는 있는 법이다. 그 기회를 이용하라. 어느 누구도 매일 승리할 수는 없으니 말이다. 사소한 것은 진실로 빛나고, 대단한 것은 주위를 놀라게 할 정도로 눈부시게 빛나는 매우 당당한 사람들이 있다.

이 두 가지 재능과 자신의 자질을 발휘해 보일 수 있는 재능을 겸비한다면 그 결과는 경이적인 것이 될 것이다.

이 세상은 세상을 돋보이게 하는 빛과 함께 창조되었다. 화려하게 과시함으로써 부족한 부분을 만족시키고 메꿔 줄 수 있으며, 모든 것에 제2의 천성을 부여한다. 그것은 실제상황에 근거할 때에 더욱 그러하다. 완벽한 것을 내려주는 하늘은 재능을 발휘하도록 우리를 자극한다. 우리는 재능을 발휘할 수 있는 기술이 필요하다. 허세도 제때에 부리지 않으면 잘못 작용한다. 또 너무 꾸며서 과시를 해서도 안 된다.

겉치레는 허영과 어깨를 같이 하는 것이며 허영은 비웃음의 이웃 쯤

되는 것이니까 말이다. 겉치레도 적당히 꾸며져서 비천해지지 않도록
해야 한다. 그래서 현명한 사람들은 지나치게 자신의 재능을 과시하는
것을 대단치 않게 생각한다.

때로는 웅변 같은 침묵을 지키고, 약간은 방심하는 듯한 태도를 취
하라. 현명하게 위장하는 것은 찬사를 얻어내는 가장 좋은 방법이다.
적극성의 결여야 말로 호기심을 일깨워 주는 것이기 때문이다.

자신의 모든 완벽성을 한꺼번에 드러내지 말고, 항상 약간씩 만 더
보태면서 조금씩 조금씩 드러내는 것도 기술이다.

하나의 빛나는 기회는 더 큰 기회를 가져올 수 있도록 박차를 가하
는 것이어야 하며, 처음에 받은 찬사는 또 다른 찬사에 대한 기대를 고
양시키는 것이어야 한다.

1803년, 빛의 파동 이론을 완성한 토머스 영(Thomas Young)은 비
범한 신동이었다. 그는 2세 때부터 읽기 시작했으며 4세에는 성경 신
구약을 2번이나 독파했다. 어린시절 그는 12개국 언어를 공부했으며
다양한 악기를 연주할 줄 알았다. 영국 케임브리지 대학에서 수학하는
동안 그는 빛의 한 특수 현상을 발견하였다. 빛에 관한 이론에 덧붙여
토머스 영은 최초로 이집트 상형문자 판독의 길을 열어 놓았다.

토머스 에디슨, 아인슈타인, 뉴턴, 파스퇴르 등은 학교 성적이 변변
치 않았던 몇 안 되는 천재들이었다. 아이작 뉴튼도 학교 성적이 좋지
않자 농부가 되기 위해서 학교를 중퇴했다.

진화론을 연구하던 찰스 다윈은 논쟁의 여지가 다분한 결론을 예견

하고 증거를 수집하여 보강하는 노력을 지속하면서 발표를 미룬 채 14년을 기다렸다.

아인슈타인에 버금가는 금세기 최고의 이론 물리학자 중에 한 사람은 특별한 노력 없이는 머리조차 들지 못하여 그의 불분명한 단조로운 어조는 지극히 친밀한 몇 사람 외에는 아무도 이해할 수 없는 케임브리지 대학교의 스티브 호킹이다. 신경과 근육 계통의 희귀한 황폐성 질환의 희생자인 호킹은, 쓸 수 없으므로 난해한 방정식이 그의 마음에 명멸해 지나갈 때마다 모두를 기억해야 했다. 이것은 모차르트가 교향곡 전체를 머리 속에서 작곡하는 것에 비견할 만하다.

종이는 서기 105년 중국의 환관이었던 채륜에 의해 발명되었다.
인류는 말과 글을 가지고 있었지만 그것을 쓸 수 있는 것이 없어 조개껍질이나 나무껍질 같은 것에 글을 쓰는 불편함이 있었다. 채륜은 글을 쓸 수 있는 〈종이〉에 대한 열정이 끊어 올라 왔다. 이러한 그의 열정이 종이를 발명하게 되는 계기가 되었다.

노벨상 헤트 트릭(Hat trick)을 달성한 가족이 있다. 한 가족에서 3명의 노벨상 수상자가 나왔다는 이야기이다.
마리 퀴리와 그의 남편 피에르 퀴리는 1903년 노벨 물리학상을 공동 수상했고 마리 퀴리는 1911년 노벨 화학상을 받았다. 그의 딸 리오 퀴리는 남편 프레드릭 리오 퀴리와 함께 1935년 노벨 화학상을 수상했다.

만약 그대가 화가, 조각가, 건축가, 음악가, 시인, 철학자, 발명가, 생물학자, 천문학자, 지질학자, 수학자 중에서 자신의 직업을 선택할 수 있다면 무엇이 되겠는가? 이 모든 것이 될 수 있으며, 이 모든 분야에서 대가가 될 수 있는 비상한 재능을 타고난 사람이 있다고 생각해 보자. 그 사람이 바로 레오나르도 다빈치이다.

그는 초등학교 시절 선생님도 쩔쩔매던 복잡한 수학문제를 풀 수 있었다. 20세에는 이미 스승인 델 베노치오의 실력과 맞먹었다. 30대 초반에는 세계 최고의 걸작품 중에 하나로 꼽히는 그 유명한 〈최후의 만찬〉을 그렸다. 그리고 얼마 지나지 않아, 아마도 세계에서 가장 유명한 그림으로 간주되는 또 하나의 불멸의 작품 〈모나리자〉를 완성하였고, 레오나르도 다빈치는 거의 일생동안 예술가로서만 명성을 얻은 것이다.

그러나 그의 비방록에는 그 당시부터 수세기 동안 수용되지 않았던 과학 발명품의 탄생을 기대하면서 그렸던 20여 개의 환상적인 발명품의 소산물 — 비행기, 헬리콥터, 잠수함 등…. 은 그가 살아있을 때에는 비웃음거리에 지나지 않았으며, 현대 과학이 이를 재발견 할 때까지 모든 사람의 기억 속에 잊혀져 있었다.

사실 재능은 누구에게나 주어져 있다. 이것은 광부가 광산에서 금이나 은이나 구리를 캐내듯이 내면 깊숙이 파묻혀 있는 재능을 캐내야만 된다.

내지 않은 금은 사실 없는 것과 같이, 발굴하지 않은 그대의 재능은 사실 없는 것과 같다. 그러기 때문에 자신의 광산에 묻혀있는 재능을 캐내는 광부가 되라.

 그대가 어떻게 느끼고 있는지,
그리고 왜 그렇게 느끼는지를 알지만,
그럼에도 불구하고 나의 감정을 내 놓을 수 없고
동의할 수도 없다

사소한 잘못은 용서하라. 부주의한 행동은 가끔 다른 사람들이 당신의 재능을 알도록 도와주는 최선의 방법이 될 수 있다. 가끔 질투는 사람들을 패각추방(고대 그리스 아테네에서 위험인물의 이름을 조개껍질이나 사기 조각에 적어 투표 후 국외로 10년 간 추방하던 제도)해 버린다.

예의가 바를수록 그만큼 더 범죄를 불러일으킨다.

질투는 완전한 자가 죄를 짓지 않는다는 사실 자체를 죄로 인정하고 완전 자체를 정죄한다. 이것은 위로하기 위해 탁월한 것에서 과실을 찾아낸다.

다른 사람들의 질책이 그가 높이 쌓은 업적 위에 번개처럼 강타한다.

호머 같은 사람도 가끔 낮잠을 자면서 지성과 용기에서 태만함을 보여주는 척 했다. 그렇게 함으로서 악의를 잠재워 독소가 밖으로 터져 나오지 않도록 하라. 이것은 마치 죽음을 피하기 위해서 질투의 황소 앞에 붉은 망토를 내 던지는 것과 같다.

우리가 다시 깨어진 우정을 회복하는 길은, 내가 먼저 화해의 손길을 내밀어 용서를 청하는 것이라는 것을 알고 있지만, 그리 쉬운 일이 아니다. 나는 그대가 어떻게 느끼고 있는지, 그리고 왜 그렇게 느끼는지를 알지만, 그럼에도 불구하고 그대에게 나의 감정을 내 놓을 수 없고, 동의할 수도 없다.

그 이유는, 내가 항상 옳다고 생각하기 때문에 이러한 생각의 틀을 깨고 나오기가 쉽지 않기 때문이다.

톨스토이의 3대 작품 중에 하나인 『부활』에서 네흘류도프는 자기 때문에 한 여자가 파멸했다는 사실에 깊은 죄의식을 느끼고, 카투사가 감금되어 있는 형무소를 찾아가서 용서의 손을 내민다. 카투사는 이미 네흘류도프를 용서했다. 그녀의 용서로 그는 다시 한 인간으로 부활하게 된다.

인간 내부에서 나오는 가장 강한 힘은, 복수의 시퍼런 칼날을 만들어 내는 것이 아니고, 화해의 아름다운 손을 내미는 것이다.

96 그대의 취미를 고양시켜라

취미를 고양시켜라. 숭고한 취미는 이성을 가꾸듯 키울 수 있다. 어떤 사람의 취미를 보면 그 사람의 정신을 알 수 있다. 그가 무엇을 열망하느냐를 보고, 그 사람의 재능의 높이를 측정할 수 있다. 훌륭한 사람들만이 탁월한 일을 해 낼 수 있다.

큰 입에는 큰 먹이가 걸맞듯 고상한 일들은 고고한 성격에 걸맞다.

고결한 취미를 가진 사람 앞에는 가장 탁월한 자라도 전율하며, 가장 완벽한 자라도 자기 능력에 대해 품고 있는 확신을 잃는다.

아주 뛰어나고 완벽한 것들은 거의 없기 때문에 찬사를 아껴라. 취미는 다른 사람들과의 관계에서 고양된다. 다른 사람들과 교제를 지속함으로써 당신의 취향도 발전한다.

좋은 취미를 가진 사람들과 교제를 할 수 있다면 당신이야말로 행운아다. 그러나 매사에 만족하며 일하도록 하라. 신중에서 우러나지 않고 겉치레만 장식하는 것은 어리석음의 극치이며 더욱 가증한 일이다.

사람들은 하나님이 자신의 과대망상을 만족시켜 줄 수 있는 다른 세계를 창조해 주기를 갈망한다.

인간이란 자신이 하고 싶어 하는 대부분의 일과 얻고 싶어 하고 사랑을 정복할 수 있는 자질이 충분히 주어진 무한한 가능성의 존재이다.

취미는 그 사람의 사상, 교양, 기품, 성품의 가장 구체적인 표현이라고 할 수 있다. 어떠한 곳, 어떠한 경우에도 즐거움을 발견하는 것이 높은 취미이다. 원하는 것을 얻지 못하면 번민하고 자기가 원하는 것에만 즐거움을 찾는 사람은 진정한 의미에서 취미가 없는 사람이다. 욕심은 사람을 괴롭게 하고 취미는 사람을 부드럽게 한다.

그 사람의 취미를 보라. 그 사람의 사람됨을 엿볼 수 있는 기회가 된다.

에드거 후버는 1924년, 29세로 미국 연방수사국(FBI) 국장이 된 이래 48년 동안 여덟 명의 대통령 아래에서 소련 첩보 활동의 봉쇄와 갱단의 소탕에 큰 공을 세운 무서운 눈빛의 사나이였지만, 그의 취미는 주일날(일요일) 만 되면 교회에서 어린이들에게 성경을 가르쳤다.

월남의 아버지라고 불리우는 호지명의 취미는 맛있는 음식을 먹는 것이었다. 그러기 위해서는 그가 직접 요리사가 되었다. 그는 런던에 있는 유명한 리츠 칼튼 호텔에서, 버스 보이 (Bus Boy)로 시작해서 접시닦이를 하다가 드디어 주방장이 되었다.

교황 피어스 11세는 독서가 취미였기 때문에, 바티칸 도서관에서 책을 빌려 읽었다. 그러다가 그 도서관의 사서가 되었고 드디어 교황의 자리에 올랐다.

모택동도 책 읽는 것이 그의 주된 취미였기 때문에 북경대학 도서관에서 사서로 일하면서 수많은 책을 섭렵했다.

끝을 잘 맺으라. 환락의 문을 지나 행운의 집으로 들어가면 비통의 문으로 나오게 될 것이다. 그 반대의 경우도 그렇다. 끝을 내고 나올 때 더 주의하라.

들어설 때의 우레 같은 갈채보다는, 끝을 내고 나올 때 성공적인 가에 더 주의를 기울여라.

행운이라고 하더라도 시작은 매우 좋았지만 비극적으로 끝나는 사람들이 있다. 당신이 도착되었을 때 받은 갈채는 대단한 것이 아니다. 당신이 떠날 때 받은 갈채야말로 대단한 것이다. 다시 열방의 대상이 되기도 힘들고, 행운이 그대의 문지방까지 따라오는 일도 드물 것이다.

행운은 오는 자에게 미소 짓고 가는 자에게 조소 짓는다.

프랑스 혁명이 일어나자, 파리는 지옥의 문이 열린 것처럼 도처에서

정치 클럽들이 독버섯처럼 솟아났었다. 그중 가장 영향력 있고 힘이 넘쳐나는 브르동 클럽이 있었다. 이 클럽의 주역들은 장차 프랑스 혁명의 진로를 결정하게 될 세 남자들의 등장이다. 당통(Danton), 로베스 피에르(Robes pierre) 그리고 과격한 저널리스트인 마라(Mara)였다.

이들의 등장은 화려했으며, 시민들은 갈채를 보냈다. 그러나 1794년 4월 5일, 당통은 콩코드 관장의 기요틴으로 끌려가서 목이 잘려 나가는 비극의 주인공이 되었고, 로베스 피에르도 같은 해 7월 27일, 기요틴이 설치된 곳으로 수레를 타고 끌려가서 그가 등장했을 때 박수갈채를 보냈던 군중들 앞에서 기요틴에서 목이 잘려 나갔다. 그리고 그의 추종자 70명도 기요틴의 희생자가 되었다. 이날은 축제일이었다.
마라는 목욕탕에서 피살되었다.

히틀러를 권력에 이르기까지 아낌없이 도와주었던 솔라이허 장군은 나치의 2인자로 각광을 받았지만, 그가 너무나 많은 비밀을 알고 있다는 이유로 히틀러에 의해서 살해되었다. 화려하게 등장했던 레닌그라드 당서기장 키로프도 스탈린에 의해서 피살되었다.

힌두교에서는 인간이 한 번 태어났으면, 680만 번의 윤회를 거쳐야 더 이상의 윤회를 거치지 않고 끝난다는 것이다. 어떻게 되었든, 모든 자연세계에서는 시작이 있으면 끝이 있다는 것이다. 별들은 화려하게 태어나지만, 수십억 년이 지나면 화려했던 모습을 뒤로 하고 캄캄해진다.

　나무는 조그마한 씨앗으로 시작해서 결국은 100년, 200년 후에는
죽어 흙으로 돌아가고, 바위들도 세월의 무게에 풍화되어 어디든지
사라지게 된다.

　내가 아끼고 소중하게 여기던 책들도, 베토벤의 음악들도, 고흐의
자화상(물론 복사판이지만)도 모두 어느 때가 되면 먼지가 되어 사라
지고 말겠지.

98 거짓말을 하지 마라 그러나 진실을 다 알려주지도 마라

　거짓말을 하지 마라. 그러나 진실을 다 알려주지도 마라. 진실보다 더 많은 숙련을 필요로 하는 것도 없다. 이는 마치 심장의 피를 빼내는 것과도 같다.

　진실을 말하고 또 그것을 알리지 않는 것 모두가 숙련을 요한다. 단 한 마디의 거짓말이 정직성에 대한 당신의 명성을 허물어뜨릴 수 있다. 사기를 당한 사람도 잘못이 있어 보이고, 사기를 친 사람도 옳지 못해 보이지만, 사기를 친 자가 더 나쁘다. 모든 진실이 다 토로(吐露)될 수는 없다.

　어떤 진실은 우리 자신을 위해, 그리고 또 다른 어떤 진실은 다른 누군가를 위해 침묵 속에 잠겨 있어야만 한다.

　침묵은 재능의 봉인(封印)이다. 비밀이 없는 가슴은 공개된 편지이다.

　비밀을 감추어 둘 수 있는 깊숙한 곳을 지녀라. 침묵은 자신을 다스

린 뒤에 나온다. 그러므로 침묵을 지키는 것이야말로 진정한 승리이
다. 사람들은 그들 스스로가 얻게 된 가능한 한 많은 사람들에게 찬사
를 보낸다.

신중함이라는 치유력은 내적인 절제에 있다. 비밀은, 우리의 의향을
떠보려는 자들, 멋대로 다루기 위해 우리를 반박하는 자들, 또는 영리
한 자라도 자기 자신을 폭로하도록 만들 수 있는 관념을 교묘히 주입
시키는 자들의 위협을 받는다.
앞으로 할 일은 말하지 말고, 이미 말한 것은 행동으로 옮기지 마라.

한국 속담에 "거짓말도 잘 만 하면 논 닷 마지기보다 낫다."라는 말
이 있다. 거짓말도 잘 만 하면 처세에 도움이 된다는 말이다.
거짓말쟁이 'Liar'라는 단어는 미국사람들에게는 가장 치욕적인 말
이다.

사실과 반대된다든가, 틀리는 것을 말하는 것… 모두 거짓말이 될
수 있다.
거짓말은 침묵 속에서도 혹은 몸짓 따위에서도 발견할 수 있다.
그리 슬프지도 않은데 가장 슬픈 체하다가 그 자리를 떠나면 "거짓
말이야…"라고 웃고 마는 것은 가장 비겁한 거짓말쟁이들이다.

북한의 김정일 국방위원장이 사망했을 때, 그의 시신이 들어 있는
유리관 앞에서 얼마나 많은 사람들이 통곡했으며, 슬픔을 견디어내지
못해 목이 터지는 듯이 오열했는지 모른다. 그러나 이것은 하나의 살

아남기 위한 수단과 방편에 불과했다. 이들의 눈물은 악어의 눈물이 아니었을까.

내가 하는 거짓말이 남을 속여 어떤 이익을 얻어 내기 위한 것이 아니라고 해도, 거짓말을 한다는 것 그 자체가 진리에 거스르는 것이다. 다른 사람들을 높여주려고, 혹은 농담으로 분위기를 부드럽게 하기 위해서 하는 거짓말 같은 것, 모두 용납되지 않는다.

99 늘 인생을 사랑하자

그 인생이 구덩이 속에서 시들어가고 있건,
황금마차에 실려 달려가고 있건 인생을 조건 없이 사랑하자

평온하게 사는 사람이 오래 산다. 살고자 하면 살도록 놓아 두어라.
평온하게 사는 사람들은 살아갈 뿐 아니라 군림하기도 한다. 듣고,
보되, 침묵을 지켜라. 낮에 다투지 않으면 밤에 휴식을 취할 수 있다.
오래 살고 즐겁게 사는 것은 삶을 두 배로 사는 것이다. 이는 바로 평
화의 열매인 것이다. 아무 상관없는 일에 주의를 기울이지 않는다면
모든 것을 소유할 수 있다.

세상만사를 모두 진지하게 생각하는 것보다 더 어리석은 일도 없다.
자신과 상관없는 어떤 일이 자신을 해치게 하는 것은 그것이 자신과
상관이 될 때 해침을 당하지 않는 것만큼이나 어리석은 것이다.

1908년, 당시 21세였던 폴란드의 피아니스트 아더 루빈스타인은 비
를린에서 항상 외롭고, 배고프고, 빚에 허덕이며 하루하루를 살고 있
었다.

음악가로도 인정을 받지 못했던 그는 삶에 비관하여 자살을 결심했다. 총도 없었고 독약도 없었던 그는 창문 밖으로 뛰어내릴까 하고도 생각해 보았지만 잘못될 경우, 불구자가 되어 더욱 구차한 삶을 살 것 같았다.

그래서 그는 차라리 목을 매 자살하기로 결심하고 벨트를 욕실의 샤워 커튼 대에 묶어서 의자 위로 올라가 자신의 목을 묶고는 의자를 발로 차 버렸다.

하지만 낡은 벨트가 어이없이 끊어지는 바람에 그의 자살 계획은 실패로 돌아가고 말았다.

'나 같은 놈은 죽지도 못 하는구나' 하는 생각으로 망연자실한 채 울고 있었다. 그는 슬픈 마음을 달랠 길이 없어 미친 듯이 피아노 건반을 눌렀다. 바로 그 때였다. 그가 우연히 창 밖을 보는 순간 갑자기 세상이 환해지는 것을 느꼈다. 그 후로는 완전히 새로운 인생을 살았는데, 훗날 피아노 연주가로서 그리고 지휘자로서의 명성을 얻게 된 후에도, 그는 늘 "인생을 사랑하자. 그 인생이 구덩이 속에서 시들어가고 있건, 황금마차에 실려 가고 있건, 주어진 인생을 조건이 사랑하자"면서 긍정적이며 평온한 마음가짐으로 96세까지 장수했다.

그의 음악은 그의 인생만큼이나 장대하고 화려했다.

인생의 파도를 즐기는 당신만의 비결을 찾아라

인생의 파도를 즐기는 당신만의 비결은 무엇인가?
인생이란 파도를 타는 젊은 서퍼여, 그것을 찾아라.
당신이 당신 인생에서 스스로 찾아낸 그 비결이 당신의 인생을
한층 더 행복하고 윤택하게 만들 것이다.